MOURIR POUR VIVRE À NOUVEAU

SABATINA JAMES

MOURIR POUR VIVRE À NOUVEAU

Traduit de l'anglais
par Paulina Day

COLLECTION
DOCUMENTS

le
cherche
midi

L'éditeur tient à remercier chaleureusement Raja Khelifi
pour son aide précieuse.

Direction éditoriale : Arnaud Hofmarcher et Arash Derambarsh
Coordination éditoriale : Marie Misandeau

Titre original : *Sabatina : Sterben sollst du für dein Glück*

23, rue du Cherche-Midi, 75006 Paris

Vous pouvez consulter notre catalogue général et l'annonce
de nos prochaines parutions sur notre site Internet :
cherche-midi.com

Sur les conseils de la police, et pour des raisons de sécurité, le nom de toutes les personnes citées dans ce livre a été changé. Ces personnes existent ; elles vivent en Autriche et au Pakistan.

La loi pakistanaise punit le blasphème de la peine capitale. En 1991, l'article 295-C du code pénal du Pakistan correspondant à cette ordonnance a été renforcé, si bien que, en cas de blasphème contre l'islam ou Mahomet, seuls l'acquittement ou la peine capitale peuvent être prononcés. Sur la base de cet article, tout chrétien risque donc de se faire arrêter et condamner à la peine capitale.

Constamment, des procès sont instruits, et des peines capitales prononcées. Mais il y a plus dangereux encore que l'arsenal législatif du Pakistan pour les chrétiens qui y vivent, il s'agit des fanatiques musulmans, qui tentent souvent de lyncher leurs concitoyens quand ces derniers passent au tribunal.

En 1998, un homme de 33 ans, père de cinq enfants, était condamné à mort après avoir été accusé par un jeune. La Cour suprême a invalidé la sentence pour absence de preuve. Mais l'homme est toujours en prison, et il a déjà fait l'objet de deux tentatives d'assassinat. Les fanatiques musulmans ont juré de le tuer. Les quatorze familles chrétiennes de son village ont été contraintes de fuir et de se cacher.

En raison de cette persécution qu'ils subissent dans leur propre pays, les chrétiens du Pakistan se sont vus accorder le droit d'asile en Allemagne et en Autriche.

Ce livre leur est dédié.

Prologue

Parfois, quand je marche seule dans la rue, il m'arrive d'être prise de panique. Je crois avoir entendu des pas. On me suit peut-être. Je me retourne et scrute la rue dans les deux sens pour voir s'il y a quelqu'un, avant de me précipiter chez moi sans regarder une seule fois en arrière.

Je sors rarement seule.

Parfois, quand je suis dans le métro sans personne et qu'un Pakistanais entre dans la rame, je me recroqueville. Est-ce qu'il me cherche ? A-t-il été envoyé pour me trouver ? Et si oui, par qui ? Mes parents ? Ma famille ? Je descends alors à la station suivante et attends pour voir ce qu'il va faire. C'est seulement quand le train redémarre et que le Pakistanais passe sans me regarder que j'arrive à me détendre un peu.

Je prends rarement le métro seule.

Parfois, quand je suis dans mon lit et que mon téléphone portable sonne, je sursaute, terrorisée. Ont-ils trouvé mon nouveau numéro ? Essayent-ils encore de m'intimider ? Peut-être même savent-ils où j'habite ? J'ai changé à plusieurs reprises de numéro de téléphone, mais chaque fois, ils l'ont récupéré et m'ont appelée. La nuit, généralement vers minuit, lorsque je dors déjà. Je ne dis pas un mot quand je prends l'appareil, mais ils savent que je suis là.

« Nous te trouverons, crient-ils dans le téléphone. Nous t'aurons. Nous n'allons pas tarder à venir te chercher. »

Alors je sais que je dois trouver un nouvel endroit où habiter.

Encore une fois.

En novembre dernier, j'ai eu 21 ans. Je suis née dans un petit village au nord-est du Pakistan et, aujourd'hui, je vis dans une ville étrangère où je ne connais personne, où j'espère que personne ne me reconnaît. Je suis ce que les criminologues appellent un « U-boat », un sous-marin : je n'ai pas d'adresse fixe, pratiquement pas d'amis, et peu de contact avec le monde extérieur. Je suis citoyenne autrichienne – et j'ai bien peur de ne pas vivre jusqu'à mon prochain anniversaire.

Cela peut paraître mélodramatique. C'est ainsi que les autorités ont réagi la première fois que je suis allée à la police pour raconter mon histoire. Ils m'ont probablement prise pour une adolescente intoxiquée par trop de mauvais films et trop de romans de gare.

Je dois admettre que mon histoire est difficile à comprendre pour un Occidental. Elle commence à Sarleinsbach, un petit village dans le nord de l'Autriche. Elle se poursuit à Linz, une grande ville autrichienne de quelque 200 000 habitants ; puis à Lahore, la troisième plus grande ville du Pakistan ; et dans une école coranique pakistanaise où les fidèles musulmans envoient leurs enfants pour qu'ils deviennent des croyants aussi dévots que leurs parents. C'est une histoire d'amour, de croyance, une histoire des conflits qui surgissent quand on grandit en Europe, mais qu'on doit vivre comme si on était encore au Pakistan.

Je n'ai rien fait dont je dois avoir honte ; rien qui soit interdit en Europe. Certains épisodes de ma vie ne pouvaient pas convenir à mon père et à ses idées pakistanaises strictes. Mais personne ne m'a menacée de mort, même au Pakistan. Mes jeunes années ressemblent à celles de beaucoup d'enfants autrichiens. Je suis allée à l'école, parfois j'ai eu de bonnes notes, parfois de moins bonnes ; j'avais des copines, j'allais au cinéma, je fréquentais les cafés, et j'avais 16 ans quand j'ai connu mon premier petit ami.

Mais mes parents voulaient que je me marie avec mon cousin au Pakistan. Comme pour moi il n'en était pas question, je me suis enfuie de la maison. Je les ai fuis, eux et leurs valeurs pakistanaises, et surtout tout ce que le Coran exigeait de moi en tant que femme. J'ai commencé à douter de l'islam, commencé à remettre ma religion en question, et j'ai trouvé la réponse dans une nouvelle croyance. Après avoir ruminé mes doutes pendant des mois, je me suis convertie au christianisme.

« Fais marche arrière. Tu connais le châtiment en vigueur au Pakistan quand on change de foi », m'a alors dit mon père.

Ses propos ne faisaient aucun doute : ce châtiment, c'était la peine de mort.

Au Pakistan, c'est la loi de la charia, le code législatif islamique, qui prévaut. Selon la charia, à laquelle mes parents se sentaient obligés d'obéir en Autriche, une femme musulmane qui devient chrétienne est condamnée à être lapidée à mort.

Ai-je raison d'avoir peur ? Je n'en sais rien et personne ne peut me le dire. Ni l'assistante sociale vers qui je me suis tournée il y a deux ans, ni mes connaissances, ni la police. On m'a cité des cas similaires : des jeunes filles ont été tuées par leurs familles. Des jeunes filles qui, comme moi, avaient grandi en Europe avant d'être ensuite ramenées de force par leurs parents au Pakistan. Chaque fois, cela s'est terminé par la mort.

J'ignore si mes parents iraient jusqu'à franchir ce dernier pas. Je sais seulement que j'ai peur. C'est une peur de tous les instants. Et, depuis le début, je n'ai plus jamais mené une vie normale.

Depuis que je suis devenue chrétienne, j'ai déménagé cinq fois. De chez mes parents d'abord vers un centre d'accueil d'urgence et, de là, dans un petit appartement. Quand ils m'ont retrouvée, je me suis réfugiée dans un autre appartement. Quand ils m'ont encore retrouvée, je suis allée dans une autre ville. Maintenant, je vis dans un cagibi, le cagibi d'un bureau. Ce n'est pas très grand, mais j'ai une télévision, un ordinateur et un téléphone. Ce sera ma maison aussi longtemps que je m'y sentirai en sécurité.

Chaque fois que je suis seule, j'ai peur, et je suis seule la plus grande partie du temps. Les week-ends surtout sont pénibles, quand je reste assise sur le canapé du bureau, et que les gens qui travaillent ici sont chez eux avec leurs familles. Je reste assise sans rien faire, je regarde la télévision, et j'attends le lundi.

Je n'aime pas sortir et, si je le fais, c'est toujours accompagnée. Je vais rarement au cinéma parce que je ne me sens pas en sécurité dans l'obscurité. Cela fait plus d'un an que je ne suis pas allée dans un pub. Je vis très loin de ma famille, mais je ne parviens toujours pas à lui échapper complètement. La dernière fois que je suis allée dans un pub, un jeune homme s'est approché de moi et m'a demandé si j'étais la Pakistanaise qui avait fui ses parents.

J'ai aussitôt regagné ma cachette.

Si j'étais conforme aux souhaits de mes parents, l'isolement ne me gênerait pas. Je serais devenue une bonne pakistanaise, qui s'occuperait de son foyer, élèverait une ribambelle d'enfants, et serait une épouse modèle pour mon mari qui est aussi mon cousin.

Mais je ne suis pas comme ça, parce que je ne suis plus une jeune fille pakistanaise. J'ai quitté le Pakistan à l'âge de 10 ans, j'ai grandi en Autriche et, contrairement à mes parents, j'approuve le mode de vie ici. Je parle comme les jeunes Autrichiennes de mon âge, je m'habille comme elles, je me maquille comme elles, j'écoute la même musique, je lis les mêmes livres et regarde les mêmes émissions à la télévision. Je suis devenue autrichienne, mais mes parents vivent encore selon des valeurs qui ne sont plus les miennes.

Je ne sais pas à quel point la menace est réelle : je connais mes parents, et je sais que, fondamentalement, ce sont des personnes merveilleuses. Mais en même temps, je connais l'importance de l'honneur pour les Pakistanais – un honneur auquel j'ai attenté.

Pour l'instant, je suis bien vivante, mais la menace est ancrée en moi. La peur qui m'habite est telle que je ne peux pas vivre ma vie. Une vie comme celle des jeunes filles occidentales. Une vie que je voudrais tellement vivre.

Mes parents ont menacé de me tuer. Je suis prisonnière de deux cultures incompatibles. Je m'appelle Sabatina James, et voici mon histoire.

1

J'ai toujours voulu aller en Autriche, même lorsque, petite fille, je vivais au Pakistan. Je ne connaissais pourtant pas grand-chose au sujet de l'Autriche. Je savais que c'était en Europe, loin, très loin de chez moi. Je savais qu'il y avait de la neige, que les gens parlaient une langue différente et portaient des vêtements différents. Je savais que, là-bas, les gens avaient beaucoup d'argent, et une vie différente, bien meilleure que la nôtre. C'était suffisant pour moi. Je voulais aller là-bas.

À l'époque, nous vivions à Dhedar, un petit village dans le district de Gujrat à la frontière nord-est du Pakistan, à deux heures de route environ de Lahore. Nous, c'est-à-dire mon père, Ahmed Ali, ma mère, Fatima, mes frères, Hassan et Adnan, ma sœur, Aicha, mon grand-père, Mohamed Ali et sa femme, Amina.

Nous vivions dans une ferme et, compte tenu du niveau de vie pakistanais, nous menions une vie très agréable. La maison n'était pas spécialement grande, mais elle était confortable, composée de deux bâtiments reliés ensemble par un mur à l'avant. Sur la gauche, se trouvait l'habitation, une construction en terre avec seulement deux pièces. L'une était la chambre de mon grand-père ; tous les autres dormaient dans la pièce à côté. Le deuxième bâtiment était le *bahar wala ghar*, ce qui veut dire littéralement « l'autre maison ». C'est là où l'on abritait les animaux. Nous n'en avions pas beaucoup, rien que quelques poules et trois buffles. Et une ribambelle de serpents – totalement indépendants de nous : on trouve des serpents partout au Pakistan. Je ne peux toujours pas les supporter.

Il n'y avait pas de salon et nous passions donc le plus clair de notre temps dans la cour entre les deux bâtiments. C'est là que nous nous asseyions, mangions, jouions, et où nous dormions en été, quand il fait chaud et humide au Pakistan. Au milieu, se trouvait un simple puits dont le nom pakistanais veut dire « vache ». Il avait un diamètre de presque deux mètres et sur sa margelle était fixé un pivot en bois, poussé continuellement par deux vaches – d'où son nom. Le mouvement des vaches faisait monter et descendre une corde au bout de laquelle étaient attachés de nombreux petits récipients qui remontaient l'eau froide des profondeurs, laquelle se déversait ensuite dans un canal. C'était notre réserve d'eau.

Notre famille n'était pas riche, mais nous étions respectés et appartenions à la classe supérieure de notre village. Ce statut était dû en grande partie à mon grand-père, un homme strict et dévoué. Mon grand-père était le muezzin de Dhedar, celui qui appelle à la prière, et il était connu par tous dès leur plus jeune âge. C'est lui qui enseignait la religion islamique aux enfants à la mosquée. Chaque matin, la voix de mon grand-père retentissait à travers tout le village, lorsque, depuis le minaret, il appelait à la prière du matin. Il célébrait également les mariages et les enterrements. Quand les habitants de Dhedar avaient un problème, ils venaient lui demander conseil. C'était quelqu'un qu'il fallait respecter, et nous n'y manquions pas non plus au sein de notre famille : il représentait l'autorité, la personne qui décidait de tout. Cela avait toujours été le cas, et cela avait souvent rendu les choses difficiles pour mon père.

Mon père a quitté le Pakistan à 18 ans, peu après l'école. Il est parti travailler en Allemagne comme conducteur de grue, et n'est revenu que des années après pour épouser ma mère. Selon la coutume en vigueur au Pakistan, ils ne s'étaient jamais vus avant le mariage. Le mariage avait été arrangé, conformément à la tradition pakistanaise, par le père de mon père, Mohamed Ali, mais cela n'avait pas dérangé mon père. Je crois qu'il était même heureux d'épouser ma mère, parce que, à l'époque, en plus d'être belle, c'était un très bon parti dans son village de Saida Braham. Après le mariage, il n'était pourtant pas resté longtemps et était retourné en Allemagne, tandis que ma mère demeurait dans la maison de mon grand-père. Mon père ne revenait qu'une fois par an, pendant les vacances, et ensuite neuf mois plus tard pour la naissance de ses enfants.

Lorsque nous habitions au Pakistan, je voyais rarement mon père. J'ai été élevee par ma mère – qui n'était pas moins stricte. Elle ne me battait pas souvent, mais dès mon plus jeune âge, elle m'avait fait comprendre que mon rôle dans la vie serait celui de femme au foyer. Déjà, je devais m'occuper de ma petite sœur et aider dans la cuisine et le reste de la maison. Mes frères, plus jeunes, étaient exemptés de toutes ces tâches.

« Ce sont des hommes, tu es une femme », me disait toujours ma mère.

J'étais très heureuse à l'époque. Je jouais souvent dans le champ derrière notre maison avec les enfants des voisins. Et, contrairement à la plupart des autres enfants de notre village, j'avais la permission d'aller à l'école. Au Pakistan, c'était un vrai privilège, puisqu'il n'y avait aucune obligation d'y aller. Chaque matin, avec deux autres filles de ma classe, nous parcourions à pied les quatre kilomètres jusqu'à Dhunni, le village voisin où se trouvait la seule école digne de ce nom : une école primaire où l'on enseignait l'anglais, l'urdu, les mathématiques, la gymnastique et la religion.

Malgré ce long trajet quotidien, j'aimais aller à l'école. J'aimais apprendre et j'obtenais de bonnes notes.

En même temps, j'avais toujours envie de partir de Dhedar. Je voulais aller en Europe, vivre là-bas comme mon père. Dans mon imagination, l'Europe était un paradis ; un endroit où tout le monde avait beaucoup d'argent, conduisait des voitures de luxe et portait des vêtements coûteux. C'était d'ailleurs le tableau idyllique

que nous peignait mon père lorsqu'il revenait pour les vacances d'été, quand il nous montrait des photos de jolis paysages bien léchés, parsemés d'énormes maisons. À chaque visite, il nous rapportait des jouets inconnus, des jouets énormes et très colorés, fabriqués avec des matériaux bien différents de ceux abîmés avec lesquels nous jouions.

Mon père n'était pas le seul à avoir quitté notre village pour l'étranger. À Dhedar, le travail était rare, et trouver un emploi en Europe était le seul moyen de sortir de notre village et du Pakistan. Certains y emmenaient même leurs familles. Au fil des années, plusieurs filles avec lesquelles j'avais joué à Dhedar étaient parties en Angleterre. Quand elles revenaient pendant les vacances d'été voir leur famille, il y avait toujours une fête. Tous les enfants de mon village se précipitaient autour d'elles pour écouter leurs histoires d'un monde différent. Les filles étaient une mine d'informations – sur la musique et les vêtements, sur l'Angleterre, les écoles, les pop stars, et la vie là-bas en général. Pour moi, chaque fois qu'elles venaient, c'étaient ces filles elles-mêmes qui étaient les vraies stars. Elles paraissaient tellement occidentales, tellement différentes de nous, simplement parce qu'elles étaient habillées autrement. Elles portaient des jeans et des tee-shirts au lieu de la tenue nationale pakistanaise.

Évidemment, j'aurais voulu leur ressembler, et je harcelais ma mère pour que nous allions vivre avec mon père en Allemagne. Mais ma mère se contentait de répondre que ce n'était pas possible.

Quand j'ai eu 8 ans, mon père a quitté l'Allemagne pour l'Autriche, où il travaillait pour une entreprise de construction dans le Mühlviertel, au nord-est de l'Autriche. Nous ne le voyions presque jamais, mais il envoyait parfois une lettre avec des photos. Un jour, nous avons même reçu une photo de lui sur une grue. Toute la famille s'est réunie à la maison pour admirer cette étonnante machine. Chacun voulait prendre en main la photo. Mon grand-père était très fier que son fils puisse faire fonctionner cette étrange machine, et ma mère se réjouissait, en le voyant aux commandes d'une telle bête, que son mari ait si bien réussi en Europe. Elle avait couru d'une maison à l'autre pour montrer la photo à tous les voisins. On ne comprenait pas exactement ce que faisait mon père sur cette grue, mais cela n'avait pas la moindre importance.

Cette année-là, quand il est revenu pour les vacances d'été, il nous a dit qu'il viendrait bientôt nous chercher. Il nous avait déjà si souvent fait cette promesse que j'avais préféré ne pas le croire, pour ne pas être déçue une nouvelle fois. Mais peu après mon dixième anniversaire, ce projet était sur le point de se réaliser.

Je venais de rentrer de l'école quand j'ai aperçu une moto garée dans la cour. Nous avions souvent de la visite, mais rarement quelqu'un à moto. Je suis allée à la fenêtre pour voir. C'était le facteur. Mon grand-père a pris la lettre : l'enveloppe contenait des visas pour ma mère, mes frères, ma sœur et moi. Je n'avais jamais été aussi excitée de ma vie. Même mon grand-père, qui montrait rarement ses sentiments, était visiblement ravi ; cela prouvait l'importance de l'événement.

Nous sommes partis en septembre 1992. Nous avions nos visas, et nos vols étaient réservés : de Lahore à Karachi, puis jusqu'à Dubai, et de là directement à Vienne. J'avais dit au revoir à mes amies d'école et rendu mon uniforme. Mon père était venu nous chercher. En quelques heures, nous avons emballé les choses les plus importantes : quelques vêtements, des jouets, et d'énormes quantités d'épices que ma mère tenait à emporter. Elle n'avait pas la moindre idée de ce qui l'attendait en Autriche, mais elle était certaine de ne pas pouvoir trouver d'épices pakistanaises dans les magasins.

La nuit avant notre trajet en voiture jusqu'à l'aéroport de Lahore, j'étais trop excitée pour dormir. Cette fois, ce voyage était bien réel, et j'ignorais moi aussi ce qui m'attendait en Autriche. Je me demandais comment les gens de là-bas parlaient, et surtout si je les comprendrais. J'avais bien appris quelques phrases d'anglais à l'école. Mais l'allemand ? Je n'en parlais pas le moindre mot. Comment allions-nous vivre là-bas ? À quoi ressemblerait notre maison ? Que mangerions-nous ? En attendant, j'avais appris qu'il y avait en Autriche des fruits étranges avec des noms comme « pomme », « cerise », et « fraise », mais je ne savais pas à quoi ils ressemblaient, car, au Pakistan, ces fruits exotiques étaient réservés aux riches. Personnellement, je ne connaissais que les pastèques et les mangues qui poussaient dans tous les jardins du Pakistan.

Je m'inquiétais également à propos de ce que j'allais porter. Jusque-là, je n'avais pratiquement jamais quitté la *salwar kameez*, la tenue nationale du Pakistan, une longue blouse qui descendait sous le genou. J'en avais beaucoup, mais je ne possédais aucun jean ni aucun tee-shirt comme les filles occidentales.

Le lendemain, j'ai enfilé ma plus belle *salwar kameez* – une jaune, que ma mère avait cousue spécialement pour le voyage. Mon grand-père nous a conduits à l'aéroport et tout est allé ensuite très vite. Nous avons enregistré nos bagages, et avons dit au revoir à notre grand-père qui tout à coup semblait extrêmement pressé. C'était un homme très autoritaire n'aimant pas montrer ses sentiments et qui préférait donc un départ rapide sans effusions.

Puis, à mon grand étonnement, je me suis retrouvée assise dans l'avion. Tout était si nouveau, si irréel. Je n'avais jamais vu d'avion autrement qu'à la télévision, ou comme un petit point dans le ciel avec une traînée blanche lorsqu'il en passait un au-dessus de notre village. Et voilà que maintenant j'étais dans un avion de la Pakistan International Airlines en route vers l'Europe. Incroyable.

J'étais assise dans la même rangée que ma mère et ma sœur. Mon père avait pris place avec mes frères derrière nous. J'avais eu la permission de m'asseoir près du hublot, à côté de ma mère. L'avion était plein. Il y avait beaucoup de Pakistanais à bord, presque uniquement des hommes, et quelques Anglais. Une étrange odeur de détergent flottait dans l'air, et lorsque l'avion a commencé à rouler le long de la piste pour décoller, j'ai été prise de panique en entendant l'hôtesse énoncer les règles de sécurité. Que se passerait-il si nous nous écrasions en mer ? Je me suis mise à sangloter. Pourquoi ne pouvions-nous pas aller jusqu'en Europe par la route ?

Ma mère a essayé de me calmer, sans vraiment y parvenir. Elle non plus n'était jamais montée dans un avion, et je voyais bien qu'elle n'était pas plus rassurée, à en juger par le tic qui agitait ses paupières, ce qui lui arrivait quand elle était énervée. Je lui ai serré très fort la main tout en priant Allah de nous protéger et de veiller à ce que nous ne tombions pas dans la mer.

Je me suis sentie encore plus mal à l'aise quand l'hôtesse a servi le repas. Elle a posé devant nous un plateau avec un tas de choses étranges. Bien que connaissant le sel et le poivre, je ne les avais jamais vus emballés de la sorte. Mais que représentaient les trois autres objets et, surtout, que fallait-il en faire ? Le couteau en plastique était presque aussi coupant que celui qu'utilisait ma mère quand elle faisait la cuisine, j'avais déjà vu un couteau. Mais une cuillère ? Une fourchette ? J'ai regardé ma mère qui a haussé les épaules pour montrer qu'elle non plus n'en savait rien. Alors j'ai regardé les autres passagers de l'avion et j'ai essayé de faire comme eux – sans grand succès.

Notre voyage a duré une journée entière, avec une escale à Dubai. Quand nous avons enfin atterri à Vienne, il était midi. J'aurais été déçue si je m'étais attendue à un comité d'accueil, bien que, dans le hall d'arrivée, beaucoup de gens regardaient nos étranges vêtements, plus par amusement qu'autre chose. Finalement, un homme s'est approché de nous pour embrasser mon père. C'était Ahmed, un ami pakistanais, qui habitait aussi dans le Mühlviertel, et qui était venu nous chercher avec sa voiture.

Sur l'autoroute, je suis restée le nez collé contre la vitre pendant tout le trajet. Je voulais emmagasiner le plus d'impressions possible, étonnée de voir à quel point tout semblait différent du Pakistan : les maisons, les voitures, et même les routes.

« Les gens ici ont un autre système », a dit mon père lorsque je lui ai demandé pourquoi tout avait l'air plus propre que chez nous.

Il n'y avait même pas de peaux de bananes sur la route. Mais il était incapable de me dire en quoi ce système était différent.

Deux heures plus tard, nous sommes arrivés à Sarleinsbach. Nous avons traversé le village, tourné à gauche dans la rue principale, puis longé lentement une route de campagne.

« Notre nouvelle maison est là-haut », a dit mon père. Je n'en croyais pas mes yeux.

Tout était si vert. Je voyais pour la première fois des forêts et des montagnes, et les arbres avaient des aiguilles pointues. Au milieu, sur une colline, se trouvait la plus belle maison que je n'avais jamais vue ; une énorme ferme imposante, en brique blanche avec un toit de tuiles noires. La ferme n'était pas neuve, mais c'était justement cela qui la rendait impressionnante. Devant la maison, il y avait un grand jardin avec un énorme pommier. C'était merveilleux.

Pendant que mon père et son ami descendaient les bagages, mes frères et moi, nous nous sommes précipités dans la maison. Il y avait d'innombrables chambres, ainsi qu'une salle de bains avec des toilettes qui semblaient également différentes de celles que nous avions chez nous. Et il y avait une cuisine avec un four à bois. Quel endroit magnifique ! Quel luxe ! Ainsi, me suis-je dit, *voilà* où je vais habiter. J'étais plus heureuse que je ne l'avais été depuis longtemps.

Ma mère, en revanche, paraissait bien plus sceptique. Elle s'est approchée lentement de la maison et a regardé tout autour d'elle avec crainte. Une fois dans la cuisine, elle a totalement perdu son sang-froid. Mon père occupait déjà la maison depuis plusieurs mois, mais il ne s'était jamais donné la peine de cuisiner, ce qui expliquait le peu de verres et d'assiettes, et l'absence de casserole. Ma mère a éclaté en sanglots, fait demi-tour et est sortie de la cuisine. Elle avait consacré sa vie à s'occuper de la maison. Chez nous, au Pakistan, la cuisine n'était pas équipée de façon moderne, mais elle était très fonctionnelle, et ma mère avait toujours tout sous la main. Ici, il n'y avait rien : pas d'assiettes, pas de casseroles, aucun équipement familier.

« Comment vais-je faire de la cuisine ici ? sanglotait-elle. Qu'est-ce que je vais faire toute la journée ? »

À cet instant, la porte d'une maison voisine s'est ouverte. Une femme est sortie, a aperçu la voiture, puis nous voyant devant la maison, est venue à notre rencontre.

« Je suis Frieda », a-t-elle dit.

Frieda était bien plus âgée que ma mère, râblée, avec des cheveux courts déjà striés de mèches grises, mais elle me paraissait gentille, et très énergique. Et elle portait un pantalon, ce que je n'avais jamais vu chez une vieille femme. Je n'avais jamais vu non plus de femme, jeune ou vieille, avec des cheveux courts.

En tout cas, voyant ma mère pleurer, Frieda a demandé à mon père ce qui n'allait pas. Quand il lui a dit qu'il n'y avait pas de casseroles, Frieda a fait demi-tour sans rien dire, est retournée chez elle, et est revenue cinq minutes plus tard avec quelques vieilles marmites dont elle a fait cadeau à ma mère.

« En signe de bon voisinage », a dit Frieda, et ma mère a souri pour la première fois depuis notre arrivée en Autriche.

Mais avant d'utiliser les marmites, elle les a lavées trois fois, et a prononcé un *bismillah*, une prière islamique. Il fallait qu'elle le fasse parce que Frieda n'était pas musulmane. Encore aujourd'hui, elle continue à laver ainsi nos assiettes si elles ont servi à des non-musulmans.

Comme nous étions arrivés à Sarleinsbach une semaine avant la rentrée scolaire, j'en ai profité pour explorer les alentours. À côté de chez nous, vivait Rosi, une retraitée très gentille, qui, surtout les premières semaines, s'est beaucoup occupée de ses nouveaux voisins. Elle habitait avec sa fille qui avait un enfant illégitime. Cette pensée m'obsédait.

« C'est pourtant une femme bien, ai-je dit à ma mère. Pourquoi fait-elle ainsi honte à sa famille, en ayant un enfant alors qu'elle n'est pas mariée ? »

Au Pakistan, la fille de Rosi aurait probablement été lapidée, ou arrosée de pétrole et enflammée. J'étais certaine qu'elle avait fauté, et je me méfiais donc quand nos chemins se croisaient.

Je me sentais plus en confiance avec Frieda, celle qui nous avait donné les marmites le premier jour. Elle était à la retraite et vivait avec son fils et sa femme dans une ferme juste en contrebas de notre coteau. Son fils, Max, avait un grand atelier où il fabriquait des voitures à chevaux. Sa femme, Maria, travaillait aussi, ce qui me paraissait très étrange. Frieda était une des personnes qui comptaient le plus pour moi à cette époque. J'allais chez elle presque tous les jours, et je l'appelais « maman », faute de savoir comment l'appeler autrement. Au Pakistan, une personne jeune n'a pas le droit d'appeler une personne plus âgée par son nom. Fallait-il l'appeler « madame » ? Cela me semblait vraiment trop impersonnel. « Tantine » ? J'avais déjà bien trop de tantes. Donc « maman », *alias* Frieda, est devenue ma première amie en Autriche. Elle nous a fait connaître le village à ma mère et à moi, nous a présentées à d'autres personnes, et est même venue faire les courses avec nous. Elle nous aidait ; elle était là chaque fois que nous avions besoin de quelque chose, et m'apprenait mes premiers mots d'allemand. Grâce à Frieda, j'ai su dire « bonjour » et « au revoir » lors de ma première journée à l'école.

Au début de notre séjour en Autriche, tout étant si différent de chez nous, nous avons souvent dû faire appel à Frieda. Les maisons, par exemple, et en particulier les toits. Les maisons au Pakistan ont toujours des toits plats sur lesquels les gens viennent s'asseoir, et même dormir. Ici, dans le Mühlviertel, tous les toits étaient incroyablement pointus.

« Comment font les gens pour dormir là-haut ? » ai-je demandé à Frieda dans mon mauvais allemand.

Elle m'a répondu que personne ne dormait sur le toit parce que tout le monde avait une chambre à coucher à l'intérieur de sa maison.

Et les toilettes : j'avais découvert cette invention remarquable dès mon premier jour dans le Mühlviertel, mais n'avais pas parfaitement réussi à gérer cette nouveauté, tant les toilettes européennes étaient différentes de celles que nous avions au Pakistan. La première fois, j'ai grimpé dessus et me suis accroupie sur la lunette, étant donné que, au Pakistan, je ne connaissais que les trous dans la terre. Ensuite, quand j'ai cherché une cruche à eau pour me laver la main avec laquelle je m'étais essuyée, comme cela se faisait dans ce pays, j'ai dû appeler ma mère à l'aide – il n'y en avait pas. Elle est entrée et s'est mise à rire, mais pas pour longtemps, car elle n'a pas trouvé de cruche non plus. Nous avons appelé mon père, qui s'est posté devant la porte et nous a expliqué d'une voix forte à quoi servait l'étrange rouleau de papier qui pendait à côté des toilettes.

« Derrière toi, il y a une boîte avec un bouton dessus. Tu dois appuyer dessus », a-t-il déclaré.

Nous avons appuyé sur le bouton, et un jet d'eau a jailli dans les toilettes. Ma mère et moi avons poussé un cri de surprise, tandis que mon père, à l'extérieur, se tordait de rire. Évidemment, il n'était pas entré pour nous aider parce qu'un homme pakistanais n'a pas le droit de voir sa fille nue, même si elle n'a que 10 ans.

Une semaine après notre arrivée à Sarleinsbach, l'école a commencé. À 10 ans, j'aurais dû entrer à l'école secondaire, mais on préféra me mettre en quatrième année d'école primaire pour que je n'aie pas trop à me soucier des mathématiques et de l'orthographe, et que je puisse me concentrer sur l'apprentissage de ma nouvelle langue.

Le premier jour, ma mère m'a accompagnée à l'école. J'avais remis ma *salwar kameez* jaune, celle que j'avais déjà portée au cours du voyage vers l'Autriche. Lorsque nous sommes entrées dans la salle de classe, un peu avant 8 heures, tous les autres enfants étaient déjà là. C'était une grande salle dans une ancienne école, avec des tables, des chaises et un tableau noir. Dans mon école primaire au Pakistan, nous n'avions rien de tout cela.

Quand ma mère et moi sommes entrées dans la salle, le professeur a dit quelque chose pour nous souhaiter la bienvenue, nous a souri amicalement et nous a serré la main. Bien entendu, ma mère et moi n'avions pas la moindre idée de ce qu'il nous disait. Il nous a fait signe d'approcher. Puis il m'a prise par la main et m'a fait faire le tour de la salle. Je me sentais bizarre, comme un éléphant au zoo. Tous les enfants me dévisageaient avec de grands yeux, ce qui n'était guère surprenant : tout comme moi qui n'avais jamais vu une salle de classe avec des chaises et des tables convenables, eux n'avaient jamais vu une Pakistanaise avec une peau mate, des cheveux noirs et une ample *salwar kameez* jaune.

Je serrais la main de mon professeur pendant qu'il me conduisait jusqu'à ma place. Et c'est alors que j'ai eu une nouvelle surprise : j'étais placée au fond de la classe – à côté d'un garçon. C'était curieux. Non seulement garçons et filles apprenaient dans la même classe, mais en plus ils étaient assis les uns à côté des autres sur les bancs. Au Pakistan, cela aurait été impensable. J'ai interrogé ma mère du regard et ne me suis assise qu'après qu'elle eut acquiescé.

Comme je ne comprenais pas un seul mot de ce qui se disait, mes premières journées d'école ont été très difficiles. Mais grâce à mon professeur et surtout à Frieda, j'ai fait des progrès rapides, et je me suis bientôt beaucoup amusée à l'école. J'apprenais vite et, en quelques semaines, je me suis révélée meilleure en mathématiques que les petits Autrichiens et, en classe de gym, je montais plus vite qu'eux à la corde. Évidemment, cela n'avait rien d'extraordinaire : au Pakistan, je passais des après-midi entiers à grimper dans les arbres de notre jardin.

Petit à petit, les autres enfants commençaient à me faire confiance. Pendant la récréation, ils se regroupaient autour de moi pour me poser une foule de questions, en oubliant que je parlais encore à peine l'allemand. Ils parlaient très vite, et je ne comprenais que la moitié de ce qu'ils disaient. Pourtant, je réussissais à communiquer avec eux à ma manière. Ils voulaient savoir d'où je venais, à quoi ressemblait le Pakistan, comment étaient les écoles, si là-bas nous avions une maison, une voiture, un tracteur. Et j'essayais de toutes mes forces de leur raconter ma vie d'avant et l'école au Pakistan.

Les garçons en particulier posaient des questions sur les voitures et les tracteurs, et écoutaient patiemment mes réponses lentes et hésitantes. Comprendre les filles était bien plus facile car nous avions besoin de moins de mots. Les filles étaient totalement fascinées par mes cheveux, qui me tombaient sur les hanches. Elles me demandaient sans arrêt de pouvoir les toucher. De toute évidence, elles ne pensaient pas qu'ils étaient vrais. Quand je les laissais passer les mains sur mes cheveux, elles n'en revenaient pas et riaient aux éclats, ce qui me plaisait bien. Ce que j'aimais moins, c'était quand elles me demandaient pourquoi je m'habillais d'une façon si curieuse. Comme je portais toujours une *salwar kameez* pour aller en classe, je leur répondais que je n'avais rien d'autre à me mettre, ce qui me valait des regards compatissants.

Quand j'ai raconté cela à ma mère, elle a décidé de m'acheter des vêtements occidentaux. Le jour même, nous nous sommes rendues avec mon père chez C&A à

Linz, un magasin de vêtements très populaire. Je n'étais jamais allée dans un tel magasin. Il y avait des choses fantastiques partout : jeans, tee-shirts, pulls, vestes, et le tout en de multiples coloris. Des haut-parleurs déversaient de la musique pop à tout rompre, et les vendeuses, vêtues de hauts et de pantalons à la mode, m'ont aidée à essayer des vêtements qui me faisaient battre le cœur. Ce jour-là, j'eus mon premier jean ainsi qu'un sweat-shirt. À présent, je ressemblais aux autres filles quand elles revenaient d'Angleterre en vacances au Pakistan.

Les premières semaines, en dehors de l'école, je n'ai eu presque aucun contact avec les enfants autrichiens, car je restais avec ma famille dans notre ferme. Je me levais tôt avec mes parents. Quand mon père partait travailler, je me préparais pour aller à l'école avec ma mère. Après le dernier cours, je rentrais directement pour dîner et jouer avec mes frères dans le jardin. Nous jouions à chat et au foot, nous poursuivions la chèvre du voisin, et nous continuions à nous familiariser avec les coutumes autrichiennes. Pour ne citer qu'un exemple, je n'ai touché qu'une seule fois à la clôture électrique qui entourait le champ de notre voisin...

Nous nous amusions beaucoup, nous courions comme des fous et grimpions aux arbres, presque comme au Pakistan, avec une seule différence pourtant : il faisait beaucoup, beaucoup plus froid.

J'attendais la neige avec impatience et je me demandais comment elle faisait pour tomber du ciel. Avant de venir en Autriche, j'avais vu des photos ou des films montrant des paysages couverts d'une neige apparemment ferme et glissante. À l'époque, je pensais que la neige tombait du ciel par couches, et je craignais devoir porter un casque en hiver pour ne pas être blessée. Au fur et à mesure que le temps se refroidissait, j'étais prise d'inquiétude. Un matin, les champs étaient tout blancs. Ce devait être la neige. Je me suis précipitée à l'école. Lorsque le professeur, me voyant essoufflée, a voulu savoir ce qui était arrivé, je lui ai demandé s'il avait vu la neige. Il a ri et m'a expliqué, à ma grande surprise, que c'était seulement du givre. Quand enfin il s'est mis à neiger, j'ai été ravie. Et elle n'était pas tombée du ciel par couches, comme je l'avais craint, mais en gros flocons légers. Je me suis précipitée dehors avec mes frères, et nous sommes rentrés trempés.

Le premier hiver en Autriche a été merveilleux : nous faisions avec mes frères d'interminables batailles de boules de neige, nous construisions des bonshommes de neige, et Frieda nous avait même donné une luge. À l'école, les choses s'amélioraient également : mon allemand devenait plus courant, et je commençais à avoir des amis dans le village. Après la classe, j'étais presque toujours dehors, à rendre visite à Frieda ou à jouer dans son jardin. À la fin de l'année scolaire, j'ai même été citée pour la première fois dans le journal. Dans toute école supérieure autrichienne, les enfants passent ce qu'on appelle un « examen de bicyclette », où un professeur et un agent de police du commissariat local observent la manière dont les enfants se conduisent à vélo et leur font passer ensuite une interrogation sur le code de la route. À partir de 10 ans, les enfants qui réussissent cet examen ont la permission de monter à bicyclette sans être accompagnés par leurs parents. En fait, l'examen n'avait rien de difficile, et tout le monde dans ma classe l'avait réussi. Mais en ce qui me concernait, cela m'avait valu un article dans le *Kronen Zeitung*: « Une fillette du Pakistan réussit son examen de bicyclette », avait-on pu lire dans les informations locales. J'étais aussi fière que mes parents.

Au bout d'un an, je suis entrée à l'école secondaire. La langue ne me posait plus de problèmes. Je pouvais lire et écrire aussi bien que mes camarades de classe, et je parlais un dialecte presque aussi prononcé qu'eux. Si quelqu'un m'avait écoutée les yeux fermés, il aurait pu me prendre pour une native du Mühlviertel. J'étais bonne élève ; on pouvait même dire très bonne. Je faisais partie des premières en mathématiques et en gymnastique, et je m'ennuyais en cours d'anglais, car, contrairement à mes camarades, j'avais déjà fait six ans d'anglais au Pakistan. J'aimais particulièrement le cours de musique car j'adorais chanter.

À l'époque, j'avais deux bonnes amies, Anita et Katrin. Anita était une grande fille avec de longs cheveux blonds ; Katrin, au contraire, était plus petite avec des cheveux châtains. Les deux habitaient près de chez nous. Nous étions dans la même classe et, bien que plus jeunes d'un an que moi, nous nous entendions très bien. Comme moi, Katrin était fan de la Kelly Family, un groupe pop américano-européen, et avait même des posters d'eux. Je l'enviais beaucoup parce que ma mère ne me permettait pas d'accrocher des posters, même si j'étais totalement sous le charme d'Angelo et de Paddy. Ma mère répétait que, étant une fille, je n'avais pas le droit d'admirer un garçon – sinon, j'irais en enfer. Cela m'impressionnait toujours.

Les parents d'Anita avaient une immense maison, et nous nous y retrouvions presque tous les jours après l'école. Anita avait sa propre chambre où nous jouions, et faisions parfois nos devoirs ensemble. Anita et Katrin ne venaient que très rarement chez moi parce que ma mère n'aimait pas avoir des visiteurs autrichiens. Quand les deux filles étaient à la maison, ma mère rôdait autour de nous et nous observait en fronçant les sourcils ; ne comprenant pas un seul mot d'allemand, elle ne pouvait pas suivre nos conversations. Si j'offrais à Anita et Katrin à boire ou à manger, elle lavait trois fois les assiettes et les verres dont elles s'étaient servies et prononçait un *bismillah*, ce qui me paraissait très étrange, car, contrairement à ma mère, je ne considérais pas mes amies comme impures. Ces complications permanentes ont fini par me faire renoncer à les inviter chez moi. Ma mère a paru s'en réjouir, et je crois qu'Anita et Katrin en ont été secrètement soulagées. Nous n'en avons pas parlé, mais je suis sûre qu'elles trouvaient ma mère très bizarre, et préféraient ne plus avoir à subir ses regards soupçonneux. Aussi, quand j'étais à la maison, je passais le plus clair de mon temps avec mes frères et ma sœur.

Comme j'étais l'aînée, mes parents considéraient que j'en étais responsable.

Un jour, alors que mes parents étaient sortis pour faire des courses, nous avons découvert dans le champ de notre voisine une chèvre blanche comme neige. Pour m'amuser, j'ai attaché la clé de notre maison à son collier. La chèvre, prise de panique, est partie au trot. Nous avons alors couru après tous les quatre sans pouvoir la rattraper. Elle était plus rapide que nous. Nous nous sommes beaucoup amusés – jusqu'à l'arrivée de notre voisine. Quand elle a vu ces quatre enfants pakistanais courir après sa chèvre préférée, elle s'est mise à nous poursuivre en hurlant, et nous sommes rentrés chez nous *illico.*

Ma mère n'était pas particulièrement enthousiaste de nous voir nous mélanger avec les Autrichiens. Nous étions en Autriche depuis plus d'un an, mais elle refusait d'apprendre la langue de « ces gens ». Un de mes frères, mon père ou moi devions toujours l'accompagner pour l'aider à faire les courses. Quand des Autrichiens étaient aimables avec elle, elle l'était également, mais à peine étions-nous hors d'écoute, elle décrétait que « ces gens » étaient impurs parce qu'ils mangeaient du porc et buvaient de l'alcool.

C'était extraordinaire. Alors que mes frères, ma sœur et moi nous nous occidentalisions de plus en plus, ma mère continuait à vivre comme si nous étions encore au Pakistan. Plus nous nous adaptions, plus elle redevenait pakistanaise. Elle se coupait du reste du monde, évitait les contacts avec les gens du pays, ne lisait pas, ne regardait pas la télévision et n'écoutait pas la radio. Ma mère se cantonnait à son rôle de femme au foyer, faisant la cuisine et le ménage. C'était sa vie. Elle ne désirait rien d'autre.

Cela ne changeait que lorsque nous avions des visiteurs. Des visiteurs pakistanais, pour être précis. En dehors de notre famille, il y avait un seul autre Pakistanais à Sarleinsbach – Ahmed –, l'homme qui était venu nous chercher à l'aéroport et qui travaillait dans la même entreprise de construction que mon père. Les deux hommes s'étaient rencontrés sur un chantier en Allemagne, et lorsque Ahmed avait émigré en Autriche, il avait trouvé un emploi pour mon père. Il n'avait ni femme ni famille, ce qui ne semblait pas le gêner. Il nous avait nous. Il dînait chez nous presque tous les jours, et, au fil des années, il a fini par faire partie intégrante de notre famille. Il arrivait même qu'il vienne quand mes parents étaient sortis : il s'asseyait dans la chambre à coucher de mes parents où se trouvait la télévision et regardait des films. Je lui apportais alors un verre de *tchaï* (des feuilles de thé bouillies avec du lait et de l'eau) ou lui proposais quelque chose à manger. J'avais toujours l'impression qu'Ahmed m'observait. Parfois, il me faisait même un compliment. Je trouvais cela très désagréable et je m'éclipsais de la chambre dès qu'il était installé sur le canapé.

À part Ahmed, ma famille était en contact avec deux autres familles pakistanaises de Linz qui nous rendaient souvent visite. À cette occasion, ma mère s'épanouissait : elle préparait de grandes quantités de *tchaï* et des *chapatis* (un pain plat pakistanais), ainsi que différents plats de curry. Ces jours-là, elle était aussi heureuse qu'avant.

Moi, en revanche, je devenais de plus en plus indépendante et je passais davantage de temps avec Anita et Katrin. Nous nous retrouvions après l'école pour bavarder et écouter de la musique. De nous trois, c'était Katrin qui avait la plus belle collection de CD – dont, bien sûr, tous les disques de la Kelly Family.

Plus je grandissais, moins je m'intéressais à ce qui se passait au Pakistan. Au début, quand nous étions arrivés en Autriche, j'écrivais presque chaque semaine à mes cousins et à mes anciennes camarades de classe, mais avec le temps, mes lettres s'étaient espacées. Dhedar, Dhunni, et tout ce qui était en rapport avec ces endroits, comptaient de moins en moins pour moi. Quand mes cousins ou mon grand-père demandaient à me parler au téléphone, je ne savais pas quoi leur dire. Heureusement, nous ne communiquions pas souvent par téléphone. En raison de son coût élevé, nous préférions enregistrer des bandes magnétiques et les envoyer au Pakistan.

À la maison, je me mis à parler de moins en moins l'urdu, la langue nationale du Pakistan. Je parlais à mon père et à mes frères et sœur exclusivement en allemand. Quand ma mère, qui ne parlait pas encore l'allemand, me demandait quelque chose, je ne faisais même pas l'effort de lui répondre en urdu. En l'espace de deux ou trois ans, j'étais devenue une vraie Autrichienne, même si je n'avais pas encore la citoyenneté autrichienne.

À cette époque-là, mes parents se plaignaient rarement de ma transformation. Malgré leur mode de vie pakistanais traditionnel, peu de choses m'étaient défendues. Ils me faisaient confiance. Le seul interdit qui me pesait un peu était de ne jamais pouvoir passer la nuit chez Anita ou Katrin. Mais je m'en accommodais.

J'aidais ma mère dans la maison quand elle me le demandait. Comme avant, je l'accompagnais pour faire ses courses, je faisais la vaisselle, et l'aidais pour la lessive. Je faisais ce qu'on attendait de moi. Par ailleurs, je ne donnais à mes parents aucune raison de s'inquiéter. Contrairement à d'autres, ma puberté s'est passée sans problème. Même si je ne portais plus de vêtements pakistanais, mes vêtements occidentaux n'étaient pas suggestifs. Je ne me maquillais pas, et, plus important encore pour mes parents, ni moi, ni mes amies, ne nous intéressions aux garçons.

À cet âge-là, je ne me considérais pas comme jolie. Selon les critères de la beauté pakistanaise que m'avait inculqués ma mère, j'avais la peau trop mate et j'étais trop maigre pour être belle. C'est beaucoup plus tard que j'ai découvert que l'idéal autrichien était exactement l'opposé. C'est sans doute pourquoi j'ai eu tellement de succès quand j'ai ouvert un salon de bronzage à Sarleinsbach. Les Autrichiens s'allongeaient sous une machine pour assombrir leur peau ! Au Pakistan, il n'aurait pas été possible de gagner sa vie avec ça ; il aurait fallu une machine qui fasse le contraire. Mais à l'époque, cela ne faisait pas partie de mes préoccupations. Au contraire : j'étais une musulmane pieuse.

Étant née dans une famille de mollah, la croyance en Allah était au centre de ma vie. D'abord et avant tout, je ne me considérais pas comme un individu, mais comme une musulmane. L'islam était mon identité ; il définissait toute ma vie. Il décidait de ce que je pouvais manger et boire, de ce que je pouvais porter, qui étaient mes amis et mes ennemis, et *aurait dû* me désigner mon futur mari. Comme c'est le cas pour la majorité des musulmans sunnites au Pakistan, j'étais un disciple dévoué des enseignements du Prophète Mahomet. Je voulais lui ressembler dans tous les aspects de ma vie. Ce que Mahomet avait fait il y a plus de mille ans était toujours d'actualité pour moi.

Le Prophète avait épousé une fillette de 6 ans quand il en avait 50, et beaucoup de familles traditionnelles sunnites en souhaitent autant pour leurs filles. Tous les musulmans ont le même but : être aussi saint que le Prophète et aller, éventuellement, au ciel, au pays de lait et de miel, où il n'y a plus de souffrance, ni de pauvreté – un paradis. Au Pakistan, j'avais déjà appris qu'un seul acte permettait avec certitude d'y aller : c'était de donner sa vie dans la bataille contre les infidèles. Enfant, j'avais appris à mémoriser les noms des moudjahidin morts pour Allah qui avaient exterminé les infidèles, et éliminé d'innombrables « vies impures » d'incroyants.

« Si quelqu'un meurt pour Allah, lui et sa famille montent droit au ciel », avait dit un jour devant moi une femme au Pakistan. Les martyrs de l'islam étaient traités comme des pop stars, et leurs familles entourées du plus grand respect.

À Sarleinsbach, à peine adolescente, je me demandais déjà :

« Allah me donnera-t-il le courage de sacrifier ma vie pour lui ? »

Je n'avais pas besoin d'Al-Qaida ou d'une quelconque organisation terroriste pour penser ainsi. L'attrait du paradis, mon éducation au Pakistan, et le besoin de reconnaissance me suffisaient.

Je ne sais pas ce que je serais devenue lors de mon enfance en Autriche sans l'amour profond dont m'entouraient mes « amis mécréants », comme mes professeurs, mes camarades de classe et mes voisins. Ou comment je me serais comportée si j'avais été impliquée dans des milieux terroristes. Une chose était certaine en tout cas. À l'époque, je n'étais absolument pas prête à donner ma vie pour qui que ce soit.

J'essayais plutôt d'impressionner mon cher Allah avec force prières et sacrifices. Un jour, par exemple, en cours de gymnastique, j'ai failli m'évanouir parce que je n'avais rien bu. Aussitôt ma camarade de classe, Tintin, s'est précipitée pour m'offrir sa bouteille d'eau, mais je l'ai refusée pour ne pas devoir partager l'eau d'une chrétienne. J'étais persuadée qu'un ange d'Allah avait vu ce sacrifice, et que j'en serais récompensée au paradis.

En Autriche, je savais que j'étais au pays des infidèles. Mon père répétait d'ailleurs quotidiennement :

« Regarde les chrétiens, leurs églises sont vides et leurs bordels sont pleins. »

Cela me rendait encore plus fière d'être musulmane.

Plus tard, quand nous nous sommes installés à Linz, j'ai commencé à fréquenter la mosquée locale. Je le faisais pour gagner les bonnes grâces d'Allah et je le faisais aussi pour moi, juste pour ressentir son amour. Chaque fois que je me conduisais comme une vraie musulmane, cela me valait les louanges et la reconnaissance de mes parents. Ils me faisaient des compliments devant les autres, ce qui me flattait au-delà de tout. Certaines familles pakistanaises envoyaient même leurs filles pour me voir car, à leurs yeux, j'étais l'exemple même de la bonne musulmane. À ce moment-là, personne n'aurait pensé, et surtout pas moi, qu'un jour, je prendrais un tel virage.

J'avais peu de contact avec la religion chrétienne. Je savais qu'elle existait parce que mes camarades de classe suivaient un cours d'éducation religieuse deux fois par semaine, auquel je n'assistais pas. À Sarleinsbach, je connaissais le prêtre qui enseignait la religion à l'école élémentaire. Il était venu quelques fois à l'école, et il s'était montré très gentil – envers moi comme avec les autres enfants, même si je n'étais pas chrétienne. Un jour, j'étais allée avec ma classe à l'église de Sarleinsbach. J'avais beaucoup aimé le bâtiment, imposant et paisible à la fois, mais le christianisme ne m'intéressait pas du tout. J'étais pourtant fascinée par le crucifix accroché dans notre salle de classe. J'avais demandé à mon père ce que c'était.

«Je n'en sais rien non plus», avait-il dit, et le sujet avait été clos.

Ma famille priait souvent à la maison et je lisais le Coran en m'impliquant particulièrement. Petite fille, je défendais toujours l'islam, même à l'école. Un jour, en classe d'histoire, on avait abordé le sujet de l'islam. Le professeur, une femme d'une cinquantaine d'années avec une coiffure stricte, parlait tout le temps de «Mahomet» et des «mahométans». Cela me rendait furieuse et je me suis levée pour la reprendre publiquement:

«Nous ne sommes pas des mahométans, nous sommes des musulmans. Et vous ne devriez pas vous contenter de prononcer le nom du Prophète, vous devez dire: "Mahomet, que la paix soit avec lui."»

Le professeur s'est montrée plutôt surprise par mon éclat.

En cours de musique, nous chantions souvent des chants religieux; mais je ne m'en rendais pas compte au début parce que mon allemand n'était pas encore assez bon Quand, plus tard, je m'en suis aperçue, j'ai refusé de chanter. Le professeur de musique m'a demandé pourquoi. Quand je lui ai répondu qu'une musulmane ne pouvait pas chanter que Jésus est un Dieu, il m'a suggéré de remplacer le nom de «Jésus» par celui de «Allah». Cela m'a rendue encore plus furieuse. Comment un professeur pouvait-il mettre Allah et Jésus sur le même plan ? Ce qui m'a consolée, c'est de penser que, pour cet acte honteux, cette professeur irait tout droit rôtir en enfer.

J'ai beaucoup aimé vivre à Sarleinsbach, où il y avait peu de cafés, encore moins de magasins et, en tout cas, ni discothèque ni cinéma. Les seuls moments d'animation étaient en été, quand l'équipe de foot, la fanfare, et la brigade de pompiers organisaient des fêtes sous des tentes. J'avais alors la permission d'aller à la foire avec mes frères, et j'adorais quand mon père m'achetait de la barbe à papa. Ma vie à Sarleinsbach était à tel point idyllique qu'elle en avait un côté kitsch – mais cela me convenait parfaitement. Peut-être parce qu'elle était tellement banale. J'allais connaître beaucoup de péripéties dans ma vie.

2

J'avais 14 ans quand ma vie a changé brusquement. C'était au printemps 1996, je venais de commencer ma quatrième année d'école secondaire, quand mon père est rentré à la maison un jour, et nous a demandé à tous de le rejoindre dans le salon. J'ai compris tout de suite que quelque chose était arrivé : mon père n'était pas un adepte des réunions de famille. Quand il avait quelque chose à dire, il le faisait sans grande cérémonie. Tout excitée, je suis entrée dans la pièce.

« J'ai un nouvel emploi, nous a annoncé mon père. Nous allons bientôt déménager. Nous irons habiter à Linz dans quelques semaines. »

Je ne savais pas comment réagir. D'un côté, je me réjouissais à l'idée de vivre dans une ville comme Linz où je pourrais aller au « gymnasium », une école secondaire de plus haut niveau. D'un autre côté, j'aimais beaucoup ma vie à Sarleinsbach. Même si je n'avais pas beaucoup d'amies, notre voisine Frieda était là, je connaissais bien le village, et j'appréciais ma vie parfaitement réglée. Mes frères et sœur partageaient ces sentiments. Seule ma mère était contente, et elle n'a pas émis la moindre réserve ; elle se sentait de plus en plus seule à Sarleinsbach. Elle continuait à refuser tout contact avec les locaux, et les visites de nos amis pakistanais se faisaient rares. Elle espérait que, à Linz, tout cela changerait automatiquement. Deux semaines plus tard, nous déménagions.

Mon père avait loué un appartement dans la Wiener Strasse, au septième étage d'un immeuble des années 1960. Il comprenait quatre pièces – un salon, une chambre pour mes parents, une pour mes frères, et une autre pour ma sœur et moi. Il y avait aussi une salle de bains, une cuisine et même un balcon. J'aimais bien cet appartement et, surtout, l'immeuble. Je n'avais encore jamais vécu dans une tour.

Nous avions emménagé à Linz au milieu de l'année scolaire, ce qui voulait dire que je devais d'abord aller dans une école secondaire avant de pouvoir entrer au « gymnasium ». Dès le premier jour, j'ai remarqué que ma classe était très différente de ce que j'avais connu à Sarleinsbach. Quelques-uns de mes camarades de classe fumaient, et la plupart avaient déjà bu de l'alcool. À Sarleinsbach, ma sœur et moi étions les seules musulmanes de l'école, tandis qu'à Linz, il y avait dix musulmans rien que dans ma classe. J'étais la seule du Pakistan ; les autres venaient de Bosnie ou de Turquie. Nous avions même notre propre cours de religion islamique, ce qui me faisait très plaisir, contrairement à certains de mes camarades qui préféraient utiliser ces heures pour faire leurs devoirs pour le cours suivant. À 14 ans, j'étais très pieuse. Je priais beaucoup chez moi et à l'école, et je me proposais souvent pour faire des exposés. C'était très important pour moi de faire comprendre aux autres combien Mahomet était bon et sage.

Mon père travaillait dans une entreprise de construction, et avait un deuxième travail comme chauffeur de taxi. Il considérait visiblement que de vivre à Linz était une opportunité, non seulement de gagner beaucoup d'argent, mais aussi d'économiser pour les jours difficiles. Mon père rêvait toujours de retourner au Pakistan en étant riche et de construire une grande maison dans son village natal de Dhedar. Il travaillait beaucoup et était rarement à la maison. Mes frères fréquentaient la même école secondaire que moi, mais, contrairement à moi, ils s'étaient rapidement fait des amis et passaient le plus clair de leurs après-midi sur le terrain de foot, tout comme à Sarleinsbach. Moi, en revanche, je rentrais chez moi après l'école, j'aidais ma mère, et je jouais avec ma petite sœur qui était encore en primaire, une enfant pleine de vie et bien élevée, qui riait beaucoup et m'idolâtrait.

C'était ma mère qui s'épanouissait le plus dans notre nouvel environnement. À présent que nous vivions dans la même ville que ses amies pakistanaises, elle était plus heureuse qu'elle ne l'avait été depuis des mois dans le Mühlviertel. Nous avions régulièrement des invités à qui ma mère servait avec amour les plats traditionnels pakistanais. Depuis que nous étions à Linz, elle allait toute seule au marché, malgré son peu de pratique de l'allemand. Quand des invités arrivaient chez nous, l'appartement embaumait le curry et les fleurs fraîches. On voyait combien elle était heureuse à Linz et combien sa nouvelle vie sociale lui plaisait – ce qui m'enchantait.

Quand je regarde en arrière, je me dis que tout cela était peut-être une grave erreur. Si nous étions restés à Sarleinsbach, ma mère aurait progressivement perdu contact avec la communauté pakistanaise et, avec le temps, elle se serait ouverte aux gens du village, se serait adaptée à leurs coutumes occidentales, et aurait même fini par les apprécier. Peut-être aurait-elle renoncé à ses préjugés religieux et aurait compris mon évolution. À Linz, elle s'est totalement impliquée dans la communauté pakistanaise. Ainsi, elle est parvenue à s'isoler complètement des Autrichiens pour continuer à vivre dans son monde pakistanais.

En septembre 1996, je suis entrée au « gymnasium ». C'était une école secondaire, spécialisée en musique, ce qui me convenait parfaitement. À cette époque, comme aujourd'hui encore, j'adorais la musique. Je ne jouais d'aucun instrument, mais j'aimais chanter, et j'espérais bien un jour intégrer un conservatoire pour devenir chanteuse. Malheureusement, le cours de chant était complet, et j'ai dû m'inscrire dans la section de guitare.

Dans ma classe, il y avait vingt-cinq jeunes, des filles pour la plupart, qui, en raison de leur tenue vestimentaire, paraissaient très mûres. Elles portaient des tee-shirts et des pantalons très moulants qui mettaient leur silhouette en valeur. Elles avaient des coupes de cheveux à la mode, certaines fumaient et d'autres avaient même des petits amis. Parfois, entre les cours, elles me racontaient leurs soirées du week-end, les bars où elles étaient allées, les concerts auxquels elles voulaient assister et les garçons qu'elles avaient rencontrés. Et je restais là à les écouter comme si je venais d'une autre planète. Je m'habillais encore comme à Sarleinsbach, et ne comprenais rien à rien. J'avais 15 ans et j'étais une vraie campagnarde.

En fait, je n'étais même pas une campagnarde normale, parce que, en plus de mon passé récent à Sarleinsbach, je vivais encore selon les valeurs pakistanaises. J'étais une musulmane pieuse, je priais souvent, et lisais le Coran régulièrement avec ma famille. Pour toutes ces raisons, les préoccupations de mes camarades de classe m'étaient parfaitement étrangères : je ne portais pas de vêtements ajustés pour ne pas révéler ma silhouette. Je n'avais pas confiance en moi, et je ne me trouvais pas jolie. Je ne me maquillais pas et n'avais pas une coupe de cheveux à la mode. Je portais mes longs cheveux noirs en queue-de-cheval. Je ne voulais pas fumer car je ne trouvais pas cela convenable pour une femme pakistanaise. Je ne voulais pas boire d'alcool car c'était interdit aux musulmans. Et je ne m'intéressais pas aux garçons. Qu'aurais-je fait d'un garçon ? Les garçons de mon âge n'avaient qu'un seul but : avoir leurs premières expériences sexuelles, avec n'importe qui, et ce, aussi vite que possible. Je ne voulais pas participer à cela.

À l'époque, je rejetais catégoriquement les relations sexuelles avant le mariage sous prétexte que c'était tout à fait immoral. Mais quand je disais cela aux filles de ma classe, elles se moquaient de moi. Je n'allais jamais dans les soirées, ne connaissais aucun bar de la ville, et n'allais jamais à un concert de rock car mes parents ne me le permettaient pas. Je n'osais pas encore contester les règles édictées par mes parents. Plusieurs mois se sont écoulés avant que je n'arrive à ce stade. Entre-temps, j'allais être l'objet de nombreuses insultes.

J'étais une marginale, et me sentais très seule. Cette période de ma vie a été extrêmement difficile, car j'étais fermement convaincue que j'avais raison et que mes camarades de classe se trompaient. Pourquoi aurais-je dû changer, *moi*?

Mais je n'avais personne avec qui discuter de ces questions – des questions auxquelles je pensais presque quotidiennement. À qui aurais-je pu parler ? À 10 ans, ma sœur Aicha s'intéressait surtout à sa cuisine de poupée. Et ma mère n'était certainement pas la bonne personne. Je n'avais pas besoin de lui demander ce qu'elle pensait des filles de ma classe. Pour elle, c'étaient des gamines pourries sans la moindre notion de décence et d'honneur. À ses yeux, elles s'habillaient et pensaient comme des putains ; elles étaient impures et finiraient par brûler en enfer. C'était en tout cas ce qu'elle disait des filles qu'elle voyait dans le tramway et qui ressemblaient à mes camarades de classe. En dehors de ma sœur, de ma mère et des amies de ma mère, il n'y avait pas d'autres femmes dans nos vies. Et celles-ci étaient toutes des Pakistanaises – elles pensaient, vivaient comme ma mère et partageaient les mêmes sentiments.

Je réfléchissais de plus en plus souvent à ma situation, et, peu à peu, j'en suis arrivée à me demander ce qui était tellement répréhensible dans la façon dont vivaient mes camarades de classe. Elles s'habillaient davantage à la mode, ce qui ne constituait pas vraiment un crime. Elles allaient au cinéma et connaissaient tous les derniers films d'Hollywood. Il y a dix ans, l'opinion américaine selon laquelle les musulmans représentaient l'« ennemi » était bien moins répandue, et je n'avais pas encore appris à considérer Hollywood comme le mal incarné. Les filles de mon école se maquillaient, mais cela ne pouvait pas constituer un réel problème, car les femmes pakistanaises aussi se rendaient dans les salons de beauté quand elles se préparaient pour les jours de fête. J'étais très envieuse de mes camarades de classe qui achetaient des CD neufs dans des magasins de musique. Moi aussi, j'aimais la musique pop des années 1990, mais je ne pouvais pas acheter de CD parce que mes parents me l'interdisaient. Mais je ne comprenais pas leurs raisons.

Petit à petit, j'ai commencé à considérer ma mère d'un autre œil. Au Pakistan, elle était mon modèle absolu. À Sarleinsbach, je trouvais étrange sa façon d'éviter les Autrichiens avec autant d'obstination. Mais j'avais définitivement accepté son rôle de femme d'intérieur et de mère comme étant la seule option pour une femme. Cela, je ne l'avais jamais remis en doute.

Mais plus je vivais à Linz, plus mes certitudes se fissuraient. Avais-je vraiment envie de vivre comme elle ? Oui, je voulais me marier, et avoir un jour des enfants, mais je ne voulais pas me cantonner à cela. Petite fille, je rêvais de devenir médecin, mais, maintenant, je caressais l'idée de devenir chanteuse, musicienne ou actrice. Je voulais être célèbre – ce qui n'avait rien de tellement surprenant pour une adolescente autrichienne de 14 ans, mais je savais parfaitement que ce souhait n'était pas compatible avec le rôle d'une femme pakistanaise. En tout cas pas dans la version de ma mère.

Pendant cette période, je me suis retrouvée prise dans un terrible dilemme. D'un côté, je voyais ma famille et ses valeurs, et, de l'autre, la vie qui continuait autour de moi. Et je n'en voyais pas l'issue.

Je me suis mise à tenir un journal, en y consacrant de plus en plus de temps au fil des mois. Je pensais constamment à mon statut de marginale. Pourquoi les autres ne m'aiment-elles pas ? Faut-il que je devienne comme elles ? Qu'est-ce qui est juste et qu'est-ce qui ne l'est pas ? Et ma place, dans tout ça ?

Plus d'une fois, j'ai ennuyé Allah avec mes problèmes.

« Allah, s'il te plaît, fais que Sarah et Marietta m'aiment », priais-je. Sarah et Marietta étaient les filles les plus branchées de ma classe, celles que toutes les autres copiaient, alors qu'on me remarquait à peine.

Tous ces mois passés à Linz, sans la moindre amie et dans la plus grande solitude, avaient commencé à affecter mes résultats scolaires. Mes notes en mathématiques et en géographie étaient particulièrement mauvaises, mais j'avais aussi des problèmes avec l'histoire, la physique et l'allemand. Peu de temps après Pâques, il s'est avéré que je n'aurais pas un bon bulletin pour l'année scolaire. Mes parents en étaient horrifiés : à Sarleinsbach, j'étais parmi les meilleures de la classe, et voilà que maintenant j'avais des difficultés avec toutes les matières. Ils ont voulu savoir ce qui n'allait pas, mais il était évident que je ne pouvais pas leur dire ce qui me tourmentait.

À dire vrai, mes mauvaises notes ne me préoccupaient pas outre mesure. Au contraire, j'étais ravie de fréquenter une école secondaire offrant des cours de musique, bien que je détestais le cours de guitare. Je voulais chanter, mais il n'y avait pas de place à mon niveau dans le cours de chant. C'est pourquoi je ne faisais rien pour empêcher mes notes de chuter. Je redoublerais mon année, changerais de mode de vie pour avoir des amies, et en plus je pourrais chanter. La seule façon d'y arriver était de tout recommencer depuis le début.

Je me suis sentie soulagée quand on m'a annoncé mon redoublement. Et encore plus ravie quand j'ai réussi l'examen d'entrée au cours de chant. J'allais faire ma rentrée dans une nouvelle classe où personne ne me connaissait. Alors je me suis adaptée, j'ai changé de mode de vie autant que possible, et ai commencé à reconsidérer sérieusement ma façon de m'habiller.

À Sarleinsbach, cela m'était égal, mais là, je voulais porter des jeans moulants et des hauts courts. Pour ma mère, c'était impensable, et j'étais donc obligée d'aller faire mes achats en cachette. Au fil des années, j'avais économisé sur mon argent de poche, et, pendant mon temps libre, je me rendais chez H&M.

Chaque fois, je prenais un risque. J'enfouissais les vêtements dans mon cartable avant de rentrer dans notre appartement et je les cachais dans ma chambre sans que ma mère s'en aperçoive. Par chance, elle ne m'a jamais surprise.

Porter mes nouveaux vêtements pour aller à l'école était encore plus difficile. Chaque jour, ma mère m'accompagnait à la porte de l'appartement pour me dire au revoir, et je ne pouvais donc jamais partir habillée comme je le voulais. Je pris l'habitude de porter deux couches de vêtements : d'abord le haut que je voulais porter à l'école et, par-dessus, la blouse avec laquelle je partais officiellement de la maison. Une fois dans la rue, j'enlevais la blouse et la fourrais dans mon cartable où elle restait jusqu'en fin d'après-midi, quand je la ressortais pour l'enfiler et rentrer chez moi.

J'ignore si dans la vie il y a un moment donné où l'on change de culture. Quand je regarde en arrière, ma transformation ne semble pas être liée à un événement particulier, et encore moins à une date précise. Avec le recul, je ne me souviens d'aucun interdit spécifique de la part de mes parents, ou s'il y avait certaines choses auxquelles mes amies avaient droit et moi pas, qui auraient pu changer ma façon de penser. La seule chose dont je me souvienne, c'est que je ne voulais pas ressembler à ma mère, mais plutôt à mes amies. À l'époque, c'était encore une vague idée à laquelle je m'accrochais. Peut-être une façon de me rebeller contre les interdits, ce qui aujourd'hui me paraît puéril. Ou tout simplement l'envie de porter les jeans et les tee-shirts que j'aimais. À l'époque, je ne réfléchissais pas aux motivations qui me poussaient à changer. Je n'y voyais qu'une façon de sortir de mon dilemme. Aujourd'hui, je sais qu'il n'y avait pas d'autre voie. Je vivais en Autriche depuis cinq ans et, contrairement à ma mère, j'aimais la vie que j'y menais. L'école et mes contacts avec mes camarades de classe m'avaient marqué de leur empreinte, et je m'occidentalisais de plus en plus – sans vraiment m'en rendre compte.

Plusieurs mois se sont écoulés, et mon petit manège continuait à marcher. En descendant du tramway, j'étais habillée comme toutes les autres filles, et le temps de parvenir jusqu'à l'école, j'avais mis du rouge à lèvres et de l'eye-liner. Et je n'avais plus de problèmes avec mes camarades. Pendant les intervalles entre les cours, je me mêlais à elles, me plaignais des professeurs, parlais des garçons de notre classe, et écoutais sans en perdre une miette le récit de leurs week-ends. Évidemment, je n'avais pas grand-chose à ajouter à leurs récits sur les baisers, les caresses et les « premières fois », ce dont personne ne s'apercevait d'ailleurs. J'étais heureuse, j'avais le sentiment d'être enfin acceptée à l'école. Et brusquement, mes notes se sont mises également à s'améliorer.

Je menais une véritable double vie : à la maison, j'étais toujours la gentille Sabatina qui priait comme il faut, s'habillait convenablement, et aidait sa mère dans les tâches ménagères sans qu'on le lui demande. Heureusement, ma mère ne pouvait pas lire dans mes pensées – ni lire mon journal que je cachais soigneusement pour qu'elle ne puisse jamais le trouver.

Mais peu à peu, elle s'est aperçue du changement. Ça a été d'abord de petites choses : les traces rouges sur les mouchoirs en papier avec lesquels je m'essuyais les lèvres en montant à l'appartement ; ou les blouses qu'elle repassait soigneusement et qu'elle retrouvait froissées dans le panier à linge – pas étonnant puisqu'elles étaient restées toute la journée dans mon cartable. Plusieurs fois, elle m'a réprimandée mais j'esquivais ses questions, allant même parfois jusqu'à lui mentir.

Je m'étais aménagé un petit espace de liberté grâce à mes subterfuges, et cette liberté m'était précieuse. Je trouvais merveilleux d'avoir à nouveau des amies : des amies comme Sophie, Barbara et Anita, qui étaient dans ma classe, et qui me traitaient comme l'une des leurs. Même si je ne pouvais pas aller avec elles au cinéma ni en discothèque le week-end, je restais avec elles entre les cours, et les accompagnais même parfois à un café sur la Linzer Landstrasse. Je volais ces instants en prétendant que j'avais des cours l'après-midi ; ou, lorsqu'un cours était annulé et qu'on nous laissait partir plus tôt, je ne rentrais pas tout de suite à la maison.

Peu à peu, l'atmosphère familiale a commencé à changer. Ma mère avait de plus en plus de soupçons. Elle s'est mise à m'espionner, m'épiant par la fenêtre de la cuisine pour voir ce que je portais en descendant du tramway. Si elle ne me voyait pas convenablement habillée, je me faisais immédiatement réprimander.

À Sarleinsbach, elle ne se mêlait jamais de la façon dont je passais mes après-midi. Là-bas, je pouvais passer l'après-midi entier à courir dans les jardins et dans les champs sans la moindre objection de sa part. Mais plus je grandissais, plus elle devenait stricte et méfiante. Ma mère devait commencer à s'apercevoir que je m'éloignais d'eux, et que je ne trouvais pas la vie en Europe aussi sinistre qu'elle. À part cela – et cela constituait une des raisons principales de son inquiétude pour moi –, j'avais eu mes premières règles. Au Pakistan, cela voulait dire que j'étais devenue une femme adulte – avec tout ce que ça impliquait.

Avant, on me traitait comme une enfant en me laissant une certaine liberté. À présent, j'étais une femme qui devait se conformer aux règles pakistanaises strictes. Autrement dit, en tant que femme, je devais porter une *salwar kameez*, couvrir mes cheveux à l'extérieur, éviter d'être vue en public, et ne parler que quand on m'adressait la parole.

Ma mère me le répétait constamment. Quand je me comportais de manière inappropriée, en d'autres termes de manière « non pakistanaise », elle me grondait. Selon ses critères, je me comportais effectivement souvent de façon inappropriée, non pas pour la provoquer, mais par conviction. J'avais tellement bataillé pour être acceptée par mes camarades de classe. Je ne voulais pas risquer de tout perdre. Et plus je vivais en Autriche, et à Linz en particulier, plus mon avenir m'apparaissait clairement : je voulais rester ici, vivre ici – de la même manière que les autres.

Mais ma mère voyait les choses d'une façon complètement différente : elle m'incitait constamment à ne pas adhérer autant à l'Autriche où il n'y avait que des « étrangers » et des « non-croyants ». Mes parents critiquaient sans cesse les femmes autrichiennes. Parfois la simple lecture d'un magazine de mode suffisait à déclencher la diatribe de ma mère. Elle me mettait sans arrêt en garde contre les Autrichiens qui battaient leurs femmes et leurs enfants, et ne vivaient pas dans la crainte de Dieu. Et si je la contredisais, elle me grondait.

Elle disait que notre vraie vie était au Pakistan. En fait, j'avais quasiment oublié tout ce qui se rapportait au Pakistan. Cela faisait plus de cinq ans que nous étions en Autriche et, à part quelques lettres et de brefs coups de téléphone, je n'avais plus aucune relation avec Dhedar et notre vie là-bas. Mais, aux yeux de mes parents, j'étais une jeune fille pakistanaise, et cela ne souffrait aucune discussion. Il ne faisait également aucun doute que, un jour ou l'autre, nous retournerions au Pakistan. Je savais que mon père envoyait de l'argent là-bas pour mon grand-père, mais surtout, il rêvait d'avoir sa propre maison pour prouver à ses parents qu'il avait réussi en Europe.

C'était exactement ce dont je ne voulais pas. Je ne voulais plus jamais retourner au Pakistan. Ma vie était en Autriche et je voulais que cela reste ainsi. Mais, bien entendu, je ne voulais pas le dire à ma mère. À quoi cela aurait-il servi ? Elle n'aurait pas compris, et il y aurait eu des discussions interminables. Je réagissais donc à ses réprimandes comme la plupart des adolescentes : je la laissais parler. Laisse-la râler, me disais-je. Demain j'irai à l'école, je mènerai ma vie et tout ira bien.

Peut-être était-ce le fait d'appartenir à une autre génération, ou bien d'avoir grandi en Autriche, en tout cas il ne faisait aucun doute pour moi que je serais totalement différente de ma mère. Je ne voulais pas d'une vie cantonnée à faire la cuisine et à élever des enfants. Je voulais travailler, gagner ma vie, et épouser un jour un homme de mon choix.

Je sais bien que tous les jeunes traversent une phase identique, mais il faut dire que, avec la puberté, j'avais rompu avec mes racines pakistanaises. À l'époque, je ne m'en rendais pas compte, et je n'avais aucune intention de me battre pour des principes. Je désirais seulement un peu de liberté, et pouvoir me réunir avec mes amies – ce qui ne me semblait pas particulièrement répréhensible.

Mon père s'est également mis à imposer de nouvelles règles.

« Tu es une femme pakistanaise », me répétait-il constamment. Ce qui impliquait de nombreux interdits stricts.

Je devais rentrer directement après l'école. Je ne devais même pas mentionner le souhait d'aller dans une soirée. Et quand, au cours de l'été, mes amies se retrouvaient pour aller nager, je n'avais pas la permission de les accompagner.

La consigne de mon père, selon laquelle je ne devais pas montrer le moindre centimètre de peau, commençait à me poser des problèmes à l'école. Mon père insistait pour que je porte des pantalons longs pour les cours de natation. Quand j'ai confié cela à mon professeur, elle en a ri. Mais quand je suis effectivement arrivée en classe de natation avec un jogging, son sourire a disparu. Elle a téléphoné à mon père en le menaçant de m'exclure du cours.

« Sabatina doit porter un maillot de bain. Si elle ne s'habille pas correctement, je ne pourrai pas la noter. »

Mon père était bien embarrassé parce qu'il tenait beaucoup à ce que j'obtienne de bonnes notes. Il m'a permis, bien à contrecœur, d'aller avec ma mère acheter un maillot de bain. Du point de vue de la mode, le choix s'est avéré une terrible erreur : le maillot de bain ressemblait à un vestige du XIXe siècle, et me donnait l'impression d'être de la même époque. Il n'était pas question que je me présente au vestiaire dans cette tenue.

J'étais furieuse contre ma mère et encore plus contre mon père. Quel genre de vie étaient-ils en train de m'imposer ? Parfois, j'aurais aimé m'enfuir de la maison, mais je savais parfaitement que je n'avais nulle part où aller.

J'ai continué mon petit jeu de cache-cache. Chez moi, j'étais la Pakistanaise pieuse, mais dès que je n'étais plus à la maison, je ressemblais à toutes les autres adolescentes.

Je mentais à mes parents de plus en plus souvent. J'inventais des cours l'après-midi, des cours de sport et des cours de rattrapage, comme si j'allais à l'école à plein-temps. Le temps que je volais, je le passais avec mes amies dans des cafés, ou des magasins de disques où je pouvais écouter les derniers CD pendant des heures – sans pouvoir les acheter, bien entendu, parce que ma mère ne voulait pas que j'écoute de la musique occidentale.

C'était terrible et très épuisant d'avoir à changer sans arrêt. Mais quel autre choix me restait-il ? Ma mère contrôlait tout. Parfois, elle me prenait mon cartable dès que j'arrivais à la maison. Une fois, elle y a trouvé un exemplaire du magazine *Bravo*, ce qui l'a mise dans une colère noire.

Les interdits sont devenus de plus en plus rigoureux – et de plus en plus absurdes. Ils affectaient tous les aspects de ma vie, même le théâtre de l'école. J'aimais bien le théâtre et je m'étais inscrite au cours de comédie. Mon professeur disait que j'étais douée, et je m'étais jetée de tout mon être dans ma nouvelle passion. Nous répétions une fois par semaine, et mon enthousiasme grandissait à chaque répétition. Jusqu'à ce que mon père le découvre. Pour lui, le théâtre était une affaire de « prostituées », et de « femmes non croyantes » – en d'autres termes, ce n'était pas pour moi. Il m'a houspillée, et m'a interdit de participer à d'autres répétitions. Je n'étais pas digne d'être une Pakistanaise, « une honte pour la famille ». J'ai donc continué en cachette.

Tout s'est bien passé pendant quelques mois, jusqu'à peu avant notre première représentation. J'étais déjà nerveuse plusieurs jours avant le spectacle. Nous allions interpréter devant toute l'école la pièce de notre professeur, intitulée *Capitaine Daddeldu.* Je devais jouer un des rôles principaux – celui d'un enfant têtu, justement. Le jour de la représentation, je suis rentrée directement après les cours, j'ai fait mes devoirs puis j'ai aidé ma mère dans la cuisine. Je voulais être partie de la maison juste après le retour de mon père, car la représentation était prévue en fin d'après-midi. J'étais en train de mettre ma veste, quand mon père est sorti du salon.

« Où vas-tu ? a-t-il demandé, les yeux écarquillés.

– Aux cours de l'après-midi, ai-je menti. »

Mon père a froncé les sourcils.

« Tu as des cours si tard que ça ? »

J'ai prétendu que mon cours d'informatique avancée était décalé parce que le professeur avait été malade.

« À tout à l'heure, père, ai-je dit en faisant demi-tour pour partir.

– Une minute, a-t-il dit, ne croyant visiblement pas un mot de ce que j'avais dit. Où vas-tu vraiment ? »

À cet instant, je me suis remémoré la fierté de mes parents quand je chantais dans le chœur de la classe élémentaire à Sarleinsbach. Ils assistaient à chaque concert, assis au premier rang. Une fois, mon père avait même apporté un Caméscope pour me filmer. Il était ému, et m'avait couvert de louanges après le concert, disant combien j'avais superbement chanté. En quoi était-ce différent maintenant ? Ne serait-il pas encore fier de moi ?

Aussi je lui ai tout raconté. Les répétitions en cachette. Les encouragements de mon professeur. La représentation. Mon rôle principal. J'espérais que mon père irait chercher le Caméscope et viendrait avec moi. Au lieu de cela, il s'est détourné sans un mot, et a regagné le salon.

« Tu vas rester à la maison, Sabatina, a-t-il déclaré. Les jeunes filles pakistanaises ne jouent pas au théâtre. Arrête ça tout de suite. »

Je n'ai même pas eu le droit d'appeler le professeur pour lui dire que je ne pouvais pas venir. Mon absence a été une catastrophe pour la troupe. Le lendemain, une de mes camarades de classe m'a dit qu'on s'était rendu compte de mon absence cinq minutes seulement avant la levée du rideau. Le professeur est alors monté sur scène pour annoncer à l'auditoire que je ne serais pas présente parce que mes parents me l'avaient interdit.

Jamais, de toute ma vie, je n'ai éprouvé autant de honte.

Qu'aurait-il fallu faire ? Aurais-je dû céder et vivre comme ma mère ? J'étais déjà trop éloignée des idées de ma famille. En même temps, je redoutais une rupture totale, ne sachant pas ce qui arriverait ensuite. J'avais peur. Je noircissais les pages de mon journal, et priais Allah de convaincre mes parents de me laisser un peu plus de liberté. Mais rien n'a changé. À l'école, tout se passait bien. J'obtenais de bons résultats et j'aimais apprendre. Je m'entendais aussi mieux avec les garçons qu'avec les filles. J'avais rejoint un groupe de skateurs et portais les mêmes pantalons baggy, baskets et casquettes de base-ball qu'eux. Aucun des garçons ne m'avait draguée, et c'était tant mieux, car je ne me sentais pas du tout assez mûre pour avoir un petit ami.

Entre-temps, j'avais commencé à rechercher des correspondants aux États-Unis et en Angleterre, et me rendais à la salle Internet tous les jours pour consulter mes e-mails. Dans notre école, il y avait des étudiants qui parlaient anglais – certains venus des États-Unis étudier en Allemagne dans le cadre d'un programme d'échanges. L'un d'eux, un Albanais nommé Burim, avait toujours vécu en Caroline du Nord. Plus âgé que moi d'un an, il était très beau – grand, mince, avec des cheveux bruns et courts. Toutes les filles de ma classe le trouvaient irrésistible, ce qui ne lui avait pas échappé. Il traînait beaucoup devant l'école après les cours, et jouait au basket avec ses amis. Je l'aimais bien, et pas seulement parce que j'aimais le basket...

Nos chemins se croisaient souvent, mais il a fallu un certain temps pour que nous nous parlions. Je ne voulais pas faire le premier pas, et lui n'avait apparemment pas le culot de m'aborder. D'habitude, je le voyais dans la salle Internet avec son ami Immanuel, venu de New York également dans le cadre d'un programme d'échanges. Un jour, alors qu'ils s'y trouvaient, je me suis installée devant un ordinateur pour lire mes e-mails. Au cours de la nuit, j'avais reçu des messages de mes correspondants, et un autre de quelqu'un que je ne connaissais pas. Je l'ai ouvert.

« Tu as l'air sexy, aujourd'hui », ai-je lu.

Qui était ce correspondant inconnu ? Je n'en avais aucune idée.

Mais quand je me suis retournée, les deux garçons étaient hilares.

« C'est vous qui m'avez envoyé ce message ? » ai-je demandé.

Les deux ont éclaté de rire, et Burim a piqué un fard.

À partir de ce jour-là, nous ne nous sommes plus quittés. Après l'école, nous allions nous promener, nous prenions un café, ou bien nous jouions au basket. Et j'ai vite compris lequel des deux était le plus intéressant : dès lors, j'ai commencé à me promener avec Burim seul.

J'avais 16 ans, j'étais une jeune fille pakistanaise qui vivait à Linz, et j'avais mon premier petit ami. C'était merveilleux. Burim et moi passions des heures à parler. En général, nous nous retrouvions entre les cours, mais aussi les après-midi. À la maison, j'inventais encore plus d'histoires pour pouvoir passer davantage de temps avec lui.

Rien de particulier ne s'est produit au cours de cette « relation », car j'étais encore très pakistanaise pour ces choses-là. J'avais prévenu Burim que j'étais croyante, et que je ne voulais donc pas avoir de rapports sexuels, ce qu'il avait accepté. Nous nous embrassions parfois, mais nous nous contentions la plupart du temps de nous tenir par la main. Je me souviens encore du premier véritable baiser de Burim : nous marchions dans le parc lorsqu'il s'est penché vers moi. J'ai senti sa langue dans ma bouche, en même temps qu'une forte odeur de chlore car il sortait juste de la piscine.

Cela a continué pendant un mois, et j'étais heureuse. Pour la première fois de ma vie, j'étais amoureuse avec tout ce que cela comporte : mon cœur battait plus vite quand je le voyais et, quand je lui prenais la main, j'étais horriblement gênée tellement mes mains étaient moites. Je remplissais des pages entières de mon journal en évoquant Burim avec ravissement. Et je me réjouissais particulièrement du fait que, à la différence des autres garçons, il n'insiste pas pour coucher avec moi. Je consignais tout cela dans mon journal. Ce qui s'est avéré être une énorme erreur.

Un jour, au début de mars 1998, je suis rentrée à la maison après un rendez-vous avec Burim, ayant prétexté un cours de rattrapage. Tout heureuse, je suis sortie de l'ascenseur et ai sonné à notre porte. Mes parents ne m'avaient jamais donné de clé afin de pouvoir mieux surveiller mes allers et venues. Ma sœur m'a ouvert la porte et m'a regardée d'un air sombre.

« Qu'y a-t-il, Aicha ? ai-je demandé.

– Rien, a-t-elle dit », et elle a couru jusqu'à notre chambre.

Je l'ai suivie. Mon journal était par terre, avec la plupart des pages arrachées et éparpillées dans la pièce.

« Elle l'a trouvé et elle l'a lu », a dit Aicha avant de se réfugier sous sa couette.

À ce moment-là, ma mère est entrée dans la pièce. Avant même que je puisse lui dire « bonjour », elle s'est mise à me battre. Sa main droite s'est abattue sur ma joue gauche.

« Tu sais ce que tu es ? a-t-elle hurlé. Tu es une putain ! »

Elle m'a pris par les cheveux, m'a tiré à travers la chambre et m'a jetée contre le mur. C'était la première fois qu'elle me frappait – et ce n'était pas une simple gifle comme on en donne aux enfants. Elle continuait à me tirer les cheveux, me frappait au visage, et me donnait des coups de pied. Je pleurais et criais à la fois, mais ma mère ne s'arrêtait pas. Elle continuait à hurler que j'étais une honte pour la famille, une « putain autrichienne ». Ma sœur a essayé de s'interposer mais ma mère l'a repoussée. J'ai tenté d'expliquer qu'il n'y avait rien de sérieux entre Burim et moi, mais elle ne voulait pas écouter.

« Tu n'as pas le droit de te conduire ainsi. Tu es promise à quelqu'un au Pakistan. »

J'ai d'abord cru ne pas avoir bien entendu.

« Tu es promise à quelqu'un. Alors comporte-toi correctement », a-t-elle répété.

J'étais horrifiée. Mes parents avaient évoqué à plusieurs reprises le fait qu'ils avaient arrangé un mariage pour moi au Pakistan, juste après ma naissance. Je les avais entendus dire cela sans le prendre vraiment au sérieux. Quand j'étais petite, ils me disaient toujours qu'un jour j'épouserais Salman, un cousin du côté de ma mère. Salman avait deux mois de moins que moi, et vivait avec ses parents à Lahore. Au Pakistan, je l'avais rarement vu, deux ou trois fois seulement. Il m'avait laissé le souvenir d'un garçon réservé, taciturne – sans rien de remarquable. En tout cas, je n'avais pas pris leurs allusions très au sérieux et, en Autriche, je les avais complètement oubliées.

Après de longues minutes, ma mère s'est calmée. Je suis restée assise sur le lit en pleurs, avec ma petite sœur à côté de moi, qui pleurait également.

« Elle n'a pas le droit de faire ça, répétait sans arrêt Aicha. Je m'occuperai de toi. »

Je l'ai prise dans mes bras et l'ai serrée contre moi.

Quand mon père est rentré à la maison ce soir-là, ma mère et lui m'ont convoquée au salon. Il s'est montré d'une gentillesse surprenante. J'ai dû lui demander pardon et promettre de ne jamais revoir ce garçon. Je le lui ai promis.

« Je te pardonne, a-t-il dit. Mais cela ne doit jamais recommencer ! »

Le lendemain, avant le premier cours, j'ai raconté à Burim ce qui s'était passé. Et j'ai rompu avec lui parce que j'étais terrifiée par mes parents. Burim s'est contenté de hocher la tête, mais je crois qu'il me comprenait parfaitement.

Mon professeur principal à l'époque, M. Radhuber, était un homme d'une quarantaine d'années, très gentil. Il nous avait toujours dit que nous pouvions nous adresser à lui si nous avions des problèmes. J'en avais un maintenant, mais étais-je vraiment disposée à lui en parler ? Tout deviendrait alors officiel, et je ne voulais pas faire de mal à ma mère et à mon père ; après tout, c'étaient mes parents. D'un autre côté, que se passerait-il si cela devait recommencer ? Si ma mère me frappait de nouveau aussi violemment ? Toute la matinée, j'ai eu du mal à me concentrer sur mes cours. Devais-je lui parler, ou valait-il mieux ne pas le faire ?

Après la pause principale, j'ai pris mon courage à deux mains et suis allée le trouver. Nous nous sommes rendus à la bibliothèque de l'école pour que personne ne puisse nous entendre. D'emblée, il s'est aperçu de la difficulté que j'éprouvais à me confier.

« Ne t'en fais pas, m'a-t-il assuré. Je respecterai ta volonté. »

Je lui ai tout raconté. Que je n'avais pas la permission de sortir avec mes amies et que je devais rentrer immédiatement après les cours. Je lui ai raconté l'histoire du théâtre et celle de Burim. M. Radhuber m'a écoutée patiemment puis s'est éclipsé quelques minutes dans la salle de conférences, avant de revenir avec un prospectus sur lequel était écrit : « Foyer pour jeunes en situation de crise. » Il m'a dit que je devrais parler à ces personnes, et qu'elles pourraient m'aider.

En quittant l'école ce jour-là, j'ai longuement réfléchi à ce que je devais faire. Fallait-il vraiment aller au foyer ? Je ne savais pas en quoi cela consistait, et je pensais aussi que ce serait un grand pas à franchir. C'est vrai, ma mère m'avait frappée si fort que j'en avais eu la lèvre fendue, mais, en même temps, c'était ma mère. Elle était pakistanaise et parlait à peine un mot d'allemand. Que se passerait-il si le personnel du refuge lui créait des problèmes ? Et dans ce cas, que m'arriverait-il à moi ? Je ne voulais pas déclencher les hostilités avec mes parents.

Je le savais, ma situation était sans issue. Je n'étais pas comme mes parents. Je ne voulais pas vivre la vie qu'ils avaient programmée pour moi – et je ne voulais en aucun cas épouser un homme qu'ils avaient choisi pour moi. Mes problèmes n'allaient pas disparaître de sitôt, et il était évident qu'une confrontation majeure devrait bientôt avoir lieu avec mes parents. Je me sentais autrichienne, tandis qu'ils vivaient selon des valeurs moyenâgeuses – c'est du moins ainsi que je voyais les choses. Même si je ne tenais plus un journal et que je n'embrassais plus jamais d'autres garçons, je ne pourrais jamais devenir la personne qu'ils voulaient que je sois.

Je me suis rendue au foyer. Le centre d'assistance psychologique était situé dans une grande maison jaune. L'ensemble donnait une impression de clarté et de chaleur humaine. Il y avait des photos dans les couloirs, et tous les gens me paraissaient très gentils. Je me suis entretenue avec un travailleur social qui m'a expliqué en quoi le foyer pouvait m'aider. Ils pouvaient, par exemple, parler à mes parents, me protéger d'eux, et, si je le voulais, je pouvais venir y habiter. C'était encore hors de question à ce moment-là, mais je me suis sentie soulagée d'avoir un point de chute si cela s'avérait nécessaire.

Je suis rentrée ensuite à la maison. Ma mère, qui s'était comportée la veille comme une véritable furie, n'a fait aucune remarque malgré mes deux heures de retard. J'en ai été quelque peu surprise, en même temps que soulagée. Peut-être regrettait-elle ce qui s'était passé ; peut-être que tout irait mieux maintenant.

Rien ne s'est amélioré – absolument rien. Ma mère est parvenue à se contrôler pendant exactement une semaine, et ensuite tout a recommencé comme avant, en pire. Elle ne m'accordait plus la moindre liberté. Je n'avais plus le droit de voir mes amies, ou d'aller au cinéma l'après-midi. Soirées, discothèques et concerts étaient bien sûr hors de question.

Elle me frappait pour un oui ou pour un non : si je mettais un jean un peu serré, par exemple, ou si mon tee-shirt laissait deviner ma poitrine, ou si elle repérait la moindre trace de maquillage sur mon visage quand je rentrais. Elle m'interdisait formellement de fréquenter certaines filles de ma classe, des Autrichiennes qui, à son avis, s'habillaient avec des vêtements trop suggestifs dignes de « putains ». Tous les après-midi, lorsque je rentrais, ma mère guettait derrière la fenêtre de la cuisine pour voir avec qui je descendais du tramway. Si un garçon se trouvait là, elle me frappait immédiatement. Il suffisait parfois que des amis pakistanais disent quelque chose à mes parents : si, par hasard, ils m'avaient vue en ville après l'école avec des amies, je subissais une bonne engueulade à la maison, et s'il s'agissait de garçons, elle me frappait de nouveau.

Cela a continué ainsi pendant près d'un an. J'avais l'impression de vivre dans une prison, en plein centre de

Linz. Mes frères ne s'intéressaient pas particulièrement à mon sort. Les garçons, plus jeunes que moi de deux et quatre ans, jouissaient de toute la liberté qu'on me refusait. Ils pouvaient faire ce qu'ils voulaient après les cours. Ils allaient dans des soirées, aux matchs de foot, et pouvaient même passer la nuit chez leurs amis, chose impensable pour moi. Seule ma sœur était de mon côté mais, à 10 ans, elle était encore trop jeune pour comprendre. Tout ce qu'elle savait, c'est que j'étais souvent triste et que je pleurais toutes les nuits.

Mon père était un peu plus chaleureux que ma mère mais, malgré la meilleure des volontés, on ne pouvait pas le définir comme étant libéral.

« Les femmes pakistanaises ne font pas ça, disait-il quand je me plaignais de ne pas pouvoir aller au cinéma ou danser. Et tu es une femme pakistanaise. »

Aujourd'hui, il m'apparaît clairement que mes parents avaient probablement des doutes en la matière. Ils ne pouvaient pas ignorer à quel point je m'étais éloignée d'eux et de leur mode de vie. Sans compter qu'ils étaient probablement aux prises avec leur propre conscience. Ce sont eux qui m'avaient fait venir en Autriche, et ils devaient se sentir responsables du changement qui s'était opéré en moi. J'ignore s'ils comprenaient que ce changement était inévitable, et qu'il leur était impossible de m'élever au cœur de l'Autriche selon les règles strictes du Pakistan. Mes parents devaient bien savoir qu'ils ne pouvaient pas m'isoler complètement du monde extérieur, et que je finirais par réagir à ce monde – ce que j'avais justement fait en m'adaptant et en m'assimilant. Comment aurait-il pu en être autrement ? Contrairement à eux, j'ai grandi dans un pays où les divertissements pour les jeunes sont légion, un pays où le cinéma le plus proche ne se trouve pas à cinq heures de voiture, mais à cinq stations de tramway ; un pays où les jeunes regardent MTV, et peuvent ensuite aller chez H&M acheter les vêtements bon marché qu'ils ont vus à l'écran ; un pays où les professeurs n'ont pas le droit de frapper les élèves, où tout le monde peut fréquenter une bonne école, où la vie d'une femme ne se limite pas au mariage, aux enfants et aux tâches ménagères.

Je suis persuadée qu'ils le savaient, et qu'ils connaissaient le peu de chances qu'ils avaient de m'élever selon leurs valeurs. C'est probablement pourquoi ils étaient tellement à bout et tellement imprévisibles.

Mes parents s'étaient mis à parler constamment de mon futur mariage au Pakistan, et ils évoquaient mon cousin Salman – combien il était beau, quel étudiant hors pair il était, et comment il était devenu quelqu'un de bien. Eux non plus n'avaient pas vu Salman depuis six ans.

Comme je l'ai déjà dit, je n'avais jamais cru à cette histoire de mariage. Quelle jeune fille autrichienne est-elle encore mariée de force par ses parents ? Mes parents ne pouvaient quand même pas vivre ainsi en plein Moyen Âge. Mais à force d'entendre le sujet revenir sans cesse sur le tapis, je commençais à avoir des doutes.

«Je ne le connais même pas, disais-je. Je ne peux pas l'épouser.»

Et chaque fois, la réponse était la même, sèche et sans équivoque.

«Tu épouseras Salman.»

Contrairement à nous, mes frères, ma sœur et moi-même, mes parents restaient constamment en rapport avec le Pakistan. Ils téléphonaient souvent à mon grand-père, et ma mère parlait régulièrement à mon oncle, le père de Salman. Un soir, alors que je faisais mes devoirs, j'ai entendu ma mère parler au téléphone avec ma tante, la mère de Salman. J'essayais d'écouter, mais elle parlait trop bas. Seuls me sont parvenus à travers la porte ses remerciements répétés. Après avoir raccroché, elle est venue dans ma chambre, et j'ai vu qu'elle avait les larmes aux yeux. C'étaient des larmes d'émotion. Elle s'est approchée de moi, et m'a serrée dans ses bras pour la première fois depuis des mois.

«Elle t'a acceptée. Ta tante veut que tu sois sa belle-fille», dit-elle.

Des larmes ont jailli de mes yeux à mon tour – mais certainement pas des larmes de bonheur. J'avais 17 ans, et encore beaucoup de choses à faire. Épouser mon cousin et vivre dans un village au Pakistan ne faisaient en aucun cas partie de mes plans. J'étais tellement furieuse que j'ai déversé tout ce que j'avais sur le cœur à ma mère, ce qui m'a valu la pire des corrections.

Au cours des semaines suivantes, la torture s'est encore intensifiée. Pas un jour ne s'écoulait sans que ma mère me frappe. En février 1999, j'en ai eu assez et suis retournée au foyer. J'ai tout raconté à l'assistante sociale, y compris les manigances de mes parents pour me faire épouser Salman, et elle a décidé qu'il était temps de parler avec mes parents.

La rencontre entre mes parents, l'assistante sociale et moi a eu lieu le lendemain, 25 février 1999, au foyer. Ma mère n'a pas ouvert pas la bouche, et il était évident que mon père trouvait cette affaire très déplaisante. Cela a été horrible. Mes parents ont tout nié en bloc : je n'avais jamais été frappée et je jouissais de toute la liberté possible. Même l'histoire du mariage était moins terrible que ce que j'avais raconté, ont-ils déclaré à l'assistante sociale.

« Si elle se marie avec Salman, ce sera de son plein gré », a assuré mon père.

Dans le rapport établi par l'assistante sociale à la suite de la réunion, il est stipulé :

« Les parents semblent être très coopératifs. En revanche, ils ne font aucun mystère de leurs valeurs socioculturelles. »

Je suis rentrée à la maison avec mes parents, et, comme précédemment, rien n'a changé. Quoi que je fasse, je ne pouvais pas satisfaire ma mère. Je l'aidais à la cuisine mais cela ne suffisait pas. Je portais des vêtements plus conservateurs, mais j'étais encore trop provocante à son goût. Si je rentrais dix minutes en retard parce que j'avais raté le tramway, j'étais de nouveau battue.

La situation atteignait son paroxysme. Pas un jour ne se passait sans dispute mais, avec le temps, je commençais à m'en accommoder. Je laissais les choses suivre leur cours et faisais de moins en moins d'efforts pour faire semblant. Jamais je ne serais comme elle ! Après les cours, j'allais au café avec mes amies, je me maquillais et ne prenais même plus la peine de me démaquiller entièrement sur le chemin du retour. J'écoutais de la musique occidentale et je portais des vêtements occidentaux. J'endurais les réprimandes et les insultes avec une indifférence stoïque – c'était désormais mon quotidien.

Il était évident que cela finirait par exploser, même si je ne m'en souciais plus tellement. Cela s'est produit un jour de mai pour une broutille : un tee-shirt soi-disant trop décolleté que ma mère avait trouvé dans la corbeille à linge. Quand j'y pense maintenant, ce jour-là n'était en rien différent des autres. J'ignore pourquoi j'ai décidé de m'enfuir à ce moment-là. Cela a dû me paraître simple.

J'étais encore en pyjama lorsque ma mère s'est mise à crier. Je l'entendais déjà quand elle était dans la salle de bains, et elle a surgi dans ma chambre le tee-shirt à la main, un haut bleu à manches courtes de chez H&M qui arrivait à la taille. Elle a pris le tee-shirt et m'a frappée sur la tête avec. J'ai éclaté en sanglots et lui ai crié d'arrêter, quand, folle de rage, elle a pris une chaussure pointue et me l'a assénée sur le visage de toutes ses forces. J'ai senti ma lèvre éclater. J'avais la bouche en sang. Je suis sortie de l'appartement en titubant, toujours en pyjama. C'était un réflexe, mais je ne supportais plus qu'elle me frappe.

Je suis descendue le plus vite possible et ai sonné au premier appartement venu. L'occupante était une jeune Africaine que j'avais aperçue plusieurs fois mais à qui je n'avais jamais parlé. Par chance, elle était chez elle. Elle a ouvert la porte et m'a regardée avec stupéfaction. Je devais être affreuse – pieds nus, en pyjama, et couverte de sang. Sans rien dire, elle m'a tirée à l'intérieur de l'appartement et a refermé la porte derrière moi. Célestine avait 20 ans et venait du Ghana.

« Je ne veux pas que ma mère me trouve. Il faut que tu me caches, lui ai-je dit.

– Assieds-toi, et raconte-moi ce qui se passe », a-t-elle répondu.

Célestine était grande, avec un visage très chaleureux. Elle travaillait comme serveuse dans un bar à Linz. Sans la connaître, je lui faisais confiance d'emblée. Elle m'a apporté une tasse de thé, et m'a écoutée attentivement, ne m'interrompant que si elle ne comprenait pas quelque chose.

« D'accord, je vais t'aider », m'a-t-elle dit à la fin de mon récit.

Nous sommes restées à l'intérieur de l'appartement toute la journée. Célestine ne voulait pas que ma mère puisse nous voir de la fenêtre de sa cuisine, et nous avons donc attendu qu'il fasse nuit. Célestine m'a prêté un jean, un sweat-shirt et des chaussures, et, une fois certaines de passer inaperçues, nous avons quitté l'immeuble. Célestine avait deux très bons amis, Roméo et Alfonso, également du Ghana, qui étaient un peu plus âgés que moi. Nous nous sommes retrouvés dans le vieux Linz, et sommes allés d'un pub à l'autre.

J'ai particulièrement apprécié cette soirée. Jamais je n'étais sortie aussi tard. Voilà que je me retrouvais dans un de ces bars dont parlaient si souvent mes amies d'école : pour la première fois, j'étais dans un « Durchhaus », un bar pour étudiants au centre de la ville, et au Vanilli, où on dansait sur les tables après minuit. J'aimais la musique assourdissante, l'atmosphère enfumée, et j'ai même pris une ou deux bouffées de la cigarette de Célestine. Pour la première fois de ma vie, je me sentais vraiment libre. Nous avons regagné l'appartement de Roméo bien après minuit ; Célestine a dormi dans le lit de Roméo avec Alfonso, tandis que Roméo et moi partagions le canapé. Rien ne s'est passé, mais j'étais très excitée. Je ne m'étais jamais allongée aussi près d'un homme. Le lendemain, j'ai compris que je ne pouvais pas rester là. L'appartement était beaucoup trop petit, juste assez grand pour Roméo en fait. J'ai donc décidé d'aller au foyer.

J'y ai emménagé le 12 mai 1999. Les travailleurs sociaux se sont montrés très gentils avec moi, et j'ai eu l'impression qu'ils s'attendaient tous à me voir revenir un jour ou l'autre. On m'a donné une chambre sous les combles que je partageais avec une jeune fille nommée Maria. Elle avait les mêmes problèmes que moi avec ses parents turcs, et vivait au foyer depuis plusieurs mois. Les travailleurs sociaux ont appelé mes parents pour leur dire que je vivrais là dorénavant. Mon conseiller a notifié dans mon dossier :

« Admise à résider à cause des menaces proférées par les parents de Sabatina visant à l'emmener au Pakistan pour la marier là-bas. »

Je me suis installée, m'attendant à rester au foyer un long moment. Chaque jour, j'allais à l'école, et j'essayais de continuer à vivre le plus normalement possible. Mes parents me téléphonaient sans arrêt pour me convaincre de revenir à la maison, mais je suis restée inflexible. J'avais une peur terrible d'eux, et de leurs amis et connaissances pakistanaises. En plus, j'avais appris que mon grand-père avait appelé mon père pour lui ordonner de me ramener à la raison, sinon l'honneur de la famille serait perdu, et je ferais subir une grande honte à tout le monde.

Mes parents n'ont pas renoncé. Ils téléphonaient sans arrêt, en menaçant les conseillers, et en disant que je devais rentrer immédiatement à la maison, faute de quoi je serais désavouée. L'aîné de mes deux frères a téléphoné également, et m'a insultée si violemment qu'un conseiller m'a pris le combiné des mains et a raccroché.

Une semaine plus tard, mes parents sont venus au foyer à l'improviste. Nous avons eu une nouvelle réunion avec les travailleurs sociaux. Mon père m'a promis que tout irait bien, et ma mère m'a juré de ne plus jamais me frapper. Ils ont assuré aux conseillers qu'ils accepteraient dorénavant mon mode de vie, qu'il n'y aurait plus de règles, et que je pourrais faire ce que je voudrais.

Les travailleurs sociaux se sont montrés d'abord sceptiques mais, peu à peu, ils se sont mis à faire confiance à mes parents.

« Ils ont vraiment l'air gentils », a remarqué l'un d'eux.

Mes parents peuvent se montrer très gentils et affectueux quand ils le veulent, et les travailleurs sociaux ont fini par se laisser persuader par leur discours. À la fin, j'ai accepté et suis revenue à la maison le 20 mai 1999.

Et surprise : cette fois, la situation avait complètement changé. Mes parents se montraient cordiaux, et il n'y avait plus de drame quand je rentrais à la maison avec deux heures de retard. Même ma mère se conduisait de façon particulièrement bienveillante à mon égard.

J'en ai compris la raison une semaine plus tard. Mon père est rentré du travail plus tôt que d'habitude. Il m'a demandé de venir dans la cuisine, et m'a dit qu'il savait comment faire pour que tout aille définitivement mieux.

« Nous retournons au Pakistan, a-t-il annoncé. Et là-bas, tu pourras faire ce que tu veux.

– Tout ce que je veux ? ai-je demandé.

– Oui, a-t-il répondu. Tu pourras prendre des cours d'art dramatique ou de chant. Reviens avec nous au Pakistan. Là-bas, tout est mieux qu'ici. »

J'y ai réfléchi. L'idée me semblait tentante. Je voulais prendre des cours d'art dramatique, que ce soit à Linz, à Vienne ou à Islamabad. Pour ne pas prendre de risques, j'en ai parlé à ma conseillère au foyer, mais elle n'y a vu aucune objection, ajoutant même que cela me ferait peut-être du bien de revoir mon pays d'origine.

Peut-être mes parents finiraient-ils par se rendre compte que, ayant tellement changé, je n'y avais plus ma place, et tous nos problèmes seraient alors résolus. Ses arguments ont achevé de me convaincre, et j'ai donné mon accord. C'est alors que j'ai appris que ce plan était assorti d'une condition.

« Quand tu rentreras, tu devras te fiancer avec ton cousin Salman. Ainsi, l'honneur de ton grand-père en tant que chef de famille sera sauf, ainsi que le mien envers la mère de Salman. Tu sais que tu es promise à Salman depuis ta naissance », m'a dit ma mère.

J'ai hésité un instant puis me suis mise à crier.

« Je n'épouserai pas Salman. Je ne veux pas me marier avec qui que ce soit, en tout cas, pas maintenant. Et pourquoi tout doit-il tourner autour de l'honneur de cette famille ?

– Parce que c'est la chose la plus importante qui soit. Bien plus importante que toi », m'a répondu ma mère.

Les larmes me sont montées aux yeux. Je me suis levée de table et me suis précipitée dans ma chambre. Mon père m'a suivie et s'est assis au bord de mon lit.

« Sabatina, m'a-t-il dit. Réfléchis bien. Le Pakistan est vraiment mieux pour toi. Là-bas, tu pourras devenir actrice, et tu ne seras pas obligée d'épouser Salman. Il suffira de te fiancer avec lui et tout ira bien. »

Comparée à tout ce que j'avais subi, cette condition ne me semblait pas si terrible. Les travailleurs sociaux ne m'avaient-ils pas dit que je serais en sécurité au Pakistan ?

Aujourd'hui, je sais que nous avons tous – les travailleurs sociaux comme moi – complètement mésestimé la situation. Je n'aurais jamais dû donner mon accord parce qu'aucun bureaucrate à Linz ne peut se porter garant de la sécurité d'une adolescente à des dizaines de milliers de kilomètres de l'Autriche. Mais mes parents s'étaient montrés très convaincants au foyer. J'ai réfléchi un moment à leur proposition puis j'ai donné mon accord.

« S'il est seulement question de fiançailles, alors je viens avec vous. »

Mon père m'a serrée dans ses bras, et je dois admettre que, à cet instant, j'étais heureuse. Sept ans après avoir quitté Dhedar, j'allais rentrer chez moi. J'allais revoir le Pakistan. J'allais revoir mes cousins. Je deviendrais actrice. J'en avais complètement oublié mes fiançailles avec Salman.

3

Nous sommes partis le premier jour des vacances d'été, en 1999. Mon père avait pris cinq semaines de congés pour nous permettre de passer au moins autant de temps au Pakistan.

Ahmed, l'ami de mon père de Sarleinsbach qui était venu nous chercher à l'aéroport presque sept ans auparavant, devait venir à nouveau nous chercher à l'appartement. Quand il est enfin arrivé avec son break, nous étions tous terriblement excités. Les semaines précédant le départ, ma mère n'avait pas arrêté de nous parler de ses frères et sœurs. Mes frères se réjouissaient de jouer de nouveau au foot avec leurs cousins pakistanais, et mon père voulait montrer à son père combien sa famille avait bien évolué (que, selon lui, mon parcours malheureux ait été la véritable raison de ce voyage n'entrait pas pour l'instant en ligne de compte). Ma sœur était la plus ravie de tous. Elle avait 4 ans quand nous avions quitté le Pakistan, et ne pouvait pas imaginer ce qui l'attendait à Lahore ou à Dhedar. Elle connaissait seulement d'après des photos la plupart des parents auxquels nous allions rendre visite pendant les prochaines semaines.

Je me réjouissais moi aussi de ce voyage. J'étais curieuse de revoir mon ancienne maison, ma famille, mes amies. Depuis des années, je n'avais plus de leurs nouvelles, et je me demandais ce qu'elles étaient devenues. Que faisait, par exemple, Deira, la fille de nos voisins, et ma meilleure amie à l'époque ? À quoi ressemblerait-elle ? Quand je vivais au Pakistan, nous nous voyions presque tous les jours ; nous avions le même âge, et elle était aussi écervelée que moi. Comment m'accueillerait-elle ? La reconnaîtrais-je même ?

J'avais complètement oublié mes fiançailles avec Salman – la véritable raison de notre voyage pourtant. J'étais persuadée que ça ne pouvait pas être aussi terrible. Quand j'ai dit au revoir à mes amies à Linz, c'était comme si je partais pour de longues vacances. Je leur ai promis de leur envoyer des cartes postales et de les tenir au courant de tout. Je ne pouvais pas leur dire combien de temps nous allions rester. Je savais que mon père avait pris cinq semaines de vacances – mais après ? Si j'aimais la vie au Pakistan, et si je pouvais vraiment prendre des cours d'art dramatique, dans ce cas, j'y resterais ; sinon je reviendrais à Linz à l'automne pour continuer mes études.

Minuit était largement passé lorsque nous sommes arrivés à Lahore. Dès l'instant où nous avons débarqué de l'avion pour rejoindre la navette, j'ai compris à quel point j'avais oublié le Pakistan. Je suffoquais car je n'étais plus habituée au climat pakistanais. En plein milieu de la nuit, il faisait au moins 35 degrés. La chaleur était étouffante, et un énorme nuage brumeux recouvrait toute la ville en raison de la forte humidité. Sans être jamais allée dans un sauna en Autriche – mes parents ne me l'auraient sûrement pas permis –, j'imaginais que cela ne devait pas être très différent de Lahore à cette heure de la nuit.

Une fois dans le hall d'arrivée, j'ai compris la raison de notre voyage. Je l'ai tout de suite reconnu, même si nous ne nous étions pas vus depuis sept ans. Il attendait là avec son père ; c'était mon cousin Salman, et, selon la volonté de mes parents, mon futur mari.

Il a d'abord salué mes parents et mes frères et sœur avant de s'approcher de moi. Il avait beaucoup grandi, et, bien que plus jeune que moi de deux mois, me dépassait d'une tête au moins. Il avait des cheveux et des yeux noirs, comme son père, et portait un élégant costume occidental. Visiblement, il ne savait pas très bien comment il devait m'accueillir. Il savait pourquoi nous étions là et que je devais devenir un jour sa femme, mais il me connaissait à peine. Devait-il me prendre dans ses bras comme il l'avait fait avec mes frères ? Il a préféré me serrer la main.

« Je suis content que tu sois là. J'ai souvent rêvé de toi », a-t-il dit si bas que j'ai été la seule à l'entendre.

J'ai reculé d'un pas.

« Salman *bhai*, c'est réciproque », ai-je répondu à haute voix.

Je voulais me montrer gentille envers lui mais, en même temps, lui faire comprendre ce que nous représentions l'un pour l'autre. Au Pakistan, tous les parents mâles de son âge sont appelés *bhai*, ou frère. J'espérais qu'il comprendrait ce que je voulais dire en utilisant ce terme.

Salman et son père nous ont aidés à transporter les bagages, et nous nous sommes rendus ensuite au grand parking devant l'aéroport, où il faisait encore plus lourd que sur le tarmac. Il n'y avait pas le moindre souffle de vent. Ma sœur a poussé un grand soupir.

« Il fait toujours aussi chaud ici ? » a-t-elle demandé en allemand, et mes frères et moi, nous nous sommes mis à rire.

Salman et son père, qui, bien entendu, ne connaissaient pas le moindre mot d'allemand, nous regardaient sans comprendre.

Nous avons chargé les bagages dans une grande voiture, un pick-up Suzuki, que mon oncle avait emprunté à son voisin. Puis nous nous sommes mis en route en direction du Guishan Ali Colony, le district de Lahore où vivaient Salman et sa famille. En chemin, des souvenirs de mon enfance me revenaient : l'air était imprégné d'horribles relents d'essence et d'ordures, au-dessus desquels flottait une intense odeur de curry. Malgré l'heure tardive, il y avait encore beaucoup de gens et de voitures dans les rues. Et quelle circulation ! Les gens conduisaient dans tous les sens ; voitures, autobus, bicyclettes et d'innombrables rickshaws. Il ne devait pas y avoir de code de la route ici, et s'il y en avait un, personne ne le respectait. Pourtant, j'aimais bien cette ville, et j'étais heureuse d'y être revenue. Peut-être mes parents avaient-ils raison en disant que tout se résoudrait au Pakistan.

Chez mon oncle, les membres de notre famille avaient préparé une énorme réception en notre honneur. Il y avait des guirlandes de lumière sur toute la maison, des fleurs dans l'entrée, et une petite pancarte au-dessus du portail disant : « Bienvenue à la maison. » Mon oncle avait à peine garé la voiture que la porte s'est ouverte, et ma tante, mes cousins et quelques voisins sont sortis. Ils étaient aussi curieux et excités que nous.

À peine étions-nous descendus de la voiture que ma tante se précipitait vers nous, nous prenant dans ses bras et nous embrassant de manière démonstrative, moi en particulier. J'ai cru un instant qu'elle n'allait pas me relâcher.

« Je suis si contente que tu sois là », a-t-elle dit.

J'ai marmonné que moi aussi j'étais contente, ce sur quoi elle m'a regardé droit dans les yeux.

« Tout va s'arranger maintenant », a-t-elle chuchoté.

Je ne comprenais pas ce qu'elle voulait dire parce que pour moi tout allait déjà très bien. J'avais vécu heureuse en Autriche, et mes parents se montraient raisonnablement cordiaux envers moi. J'étais venue au Pakistan pour me fiancer avec son fils. Si je le voulais, je pouvais commencer à prendre des cours d'art dramatique ; sinon, je retournerais en Autriche pour finir mes études. Que restait-il encore à arranger ?

Une fois à l'intérieur de la maison, ma tante ne m'a plus quittée d'une semelle. Elle était particulièrement amicale et aux petits soins, m'apportant du *tchaï* et des biscuits, et veillant sur moi de manière touchante. Elle me posait d'innombrables questions sur la vie en Autriche, si j'aimais vivre là-bas, si j'aimais aller aux cours. Elle voulait même tout savoir sur mes amies. Bientôt, j'ai commencé à avoir des soupçons – comment pouvait-elle être à ce point sincère ?

C'était très étrange. J'étais en permanence le centre de l'attention, tout tournait autour de moi. Auparavant, je n'avais jamais été le personnage central de ma famille. Contrairement à mes frères, les fils et héritiers, je jouais un rôle quasi secondaire.

Je mentirais si je disais que toute cette attention ne me faisait pas plaisir. À Linz, j'avais constamment des problèmes avec mes parents, et j'avais toujours le sentiment d'être incapable de faire plaisir à qui que ce soit. Quand j'y repense aujourd'hui, je dois avouer que mes premières heures au Pakistan me laissent au moins un souvenir plaisant. On s'occupait de moi, tout le monde m'écoutait quand je disais quelque chose – tout le monde, sauf Salman, qui m'ignorait complètement. Il restait appuyé contre le mur et se comportait comme si rien ne l'intéressait. Même si j'avais remarqué qu'il ne me quittait jamais des yeux. J'espère qu'il ne se fait pas trop d'illusions, me suis-je dit en m'approchant pour essayer de bavarder avec lui. Je lui ai demandé à quelle école il allait, quels étaient ses passe-temps, et s'il aimait Lahore, mais il s'est contenté de réponses évasives.

Finalement, j'ai sorti une photo de mon sac montrant mes camarades de classe, et j'ai commencé à lui expliquer en détail qui étaient toutes ces personnes, et lesquels étaient mes amis. Il ne paraissait pas particulièrement intéressé par mes commentaires, mais j'espérais qu'il avait compris mon message. Ces gens faisaient partie de ma vie, et je comptais bien les retrouver un jour.

Nous sommes restés à Lahore chez les parents de Salman un peu moins d'une semaine. Les parents et amis qui étaient venus pour nous souhaiter la bienvenue étaient partis les uns après les autres, si bien que, à la fin, il ne restait plus que nos deux familles. Et tout a repris son cours normal : les hommes partaient tôt pour vaquer à leurs occupations tandis que les femmes restaient à la maison. Les premiers jours, cela ne m'a pas trop gênée car nous avions beaucoup de choses à nous dire, mais après, chaque heure qui passait, je m'ennuyais de plus en plus.

Au fond de moi, je devais déjà savoir que ma place n'était plus là. Ma mère pouvait rester assise dans le salon de ma tante pendant des heures à bavarder avec les voisins. Moi, au contraire, je voulais à toute force sortir, voir Lahore, connaître au moins le quartier où habitait Salman. Mais ce n'était pas possible.

« Une femme n'a pas le droit de sortir seule dans la rue », me disait ma mère quand je lui demandais la permission d'aller me promener, avant de retourner dans la cuisine aider ma tante.

Puis j'ai essayé de sortir de la maison en catimini, mais en vain. Je m'étais tellement réjouie de découvrir Lahore, la ville qui symbolisait autrefois pour moi la porte vers l'Occident. Contrairement à ma ville natale, Lahore avait de nombreux magasins, des restaurants et plusieurs bazars. Maintenant que je vivais dans une grande ville européenne, je voulais vérifier si Lahore me paraîtrait encore tellement énorme et imposante. Et ce n'était pas tout : je voulais manger un morceau de ce chocolat pakistanais que j'avais tellement aimé étant enfant.

Le seul membre de la famille avec qui je m'entendais vraiment bien était ma cousine de 12 ans, Hina, la sœur de Salman. C'était une fille intelligente, et elle a accepté avec enthousiasme quand je lui ai demandé de venir se promener avec moi. Elle m'a prise par la main, et m'a emmenée dans la longue rue poussiéreuse où toutes les maisons se ressemblaient : grises, ordinaires, et monotones.

Comme toutes les jeunes filles pakistanaises, Hina portait une *salwar kameez*. Quant à moi, j'avais un pantalon d'été large que je portais souvent à Linz, avec une robe par-dessus. Je m'étais très légèrement maquillée, de façon à ce que personne ne le remarque, et avais les cheveux défaits. Selon mes critères, je n'avais vraiment rien de provocant. Mais les gens du Pakistan en jugeaient apparemment autrement.

Hina et moi marchions depuis dix minutes à peine quand un petit groupe s'est formé derrière nous. Je n'y ai pas fait attention au début mais, voyant que Hina s'était mise à marcher plus vite, je me suis retournée : à peine m'avaient-ils aperçue qu'une dizaine de jeunes Pakistanais se mirent à crier, à siffler et à me faire des compliments.

C'était horrible. Nous avons continué rapidement, mais je commençais à réaliser mon erreur. Je n'aurais pas dû sortir de la maison, pas habillée ainsi en tout cas. J'avais fait preuve de naïveté, et je m'en voulais de ne pas avoir cru ma famille. À 17 ans à peine, je ne mesurais pas l'effet que je pouvais produire sur les hommes. Nous sommes rentrées aussi vite que possible. Les hommes plus âgés, assis au bord de la route, me regardaient d'un air furieux, comme si j'avais fait quelque chose de terrible. Tout à coup, mon cousin Salman s'est dressé devant nous, le visage cramoisi. Sans dire le moindre mot, il a giflé Hina, lui imprimant une marque rouge sur le visage. Elle a éclaté en sanglots.

« Rentre immédiatement ! m'a-t-il crié. À quoi joues-tu ? Les filles n'ont pas le droit de sortir seules. Tu devrais le savoir !

– Et toi, à quoi joues-tu aussi, à me parler sur ce ton, ai-je éructé, furieuse. Tu n'es pas mon père, Salman *bhai* ! »

Je me suis alors penchée pour consoler Hina, mais je ne suis parvenue à la calmer.

C'est à la maison que les problèmes ont commencé pour de bon. Ma mère est restée assise avec ma sœur dans un coin du salon en m'ignorant. Mon père, lui, a explosé. En un clin d'œil, l'homme affectueux qui m'avait promis à Linz qu'au Pakistan je pourrais en faire à ma guise s'était métamorphosé.

« Que croyais-tu faire en sortant seule dans la rue ? hurlait-il. As-tu oublié où est la place d'une femme au Pakistan ? »

Je crus d'abord avoir mal entendu. Ne m'avait-il pas promis, à peine un mois auparavant au refuge, qu'il ne crierait plus jamais en me parlant ?

« Et d'ailleurs, comment es-tu habillée ? Ce n'est pas une tenue pour une femme. Dorénavant, tu mettras ta *salwar kameez*, a-t-il ajouté froidement.

– Mais je ne veux pas, père, je veux porter mes jeans. »

Il était piqué au vif. Comment osais-je le contredire ?

« Ça suffit, Sabatina ! Nous sommes au Pakistan, pas en Autriche. Ici, tu dois vivre comme tout le monde. Et à partir de maintenant, tu ne portes plus de jean. Tu sais parfaitement que notre religion ne le permet pas, et je ne veux pas être la risée des voisins sous prétexte que je suis incapable d'élever ma propre fille. »

Cela ayant déjà fait l'objet d'une discussion en Autriche, je n'avais emporté qu'une seule *salwar kameez*. Néanmoins, je ne voulais pas discuter avec lui. Il s'était déjà comporté comme un patriarche en Autriche, et ici, devant toute la famille, il ne tolérerait certainement aucune insolence de ma part. Et je préférais ne pas risquer de me faire battre. Je suis donc allée dans la chambre à côté pour me changer.

Aujourd'hui, je me rends compte à quel point tout cela était banal. Pour des Occidentaux, le récit de mes premières journées au Pakistan doit ressembler à un journal de voyage d'une adolescente pubère. Tout tourne autour de choses superficielles – jeans, tee-shirts, vêtements pakistanais, discussions enfantines, tchadors, voiles, casquettes de base-ball. Comme si je n'avais que ça dans la tête. Je me demande parfois si mes problèmes au Pakistan n'étaient pas dus à une phase oppositionnelle de ma part. Que serait-il arrivé si cette histoire s'était passée il y a quatre mois plutôt que quatre ans ? J'aurais sans aucun doute réagi de la même façon, car, contrairement à mes parents, je m'étais trop éloignée du mode de vie traditionnel pakistanais. J'avais changé en Europe, en raison de mon environnement à Linz : j'étais différente à présent de mes parents, de mes cousins, et des enfants de nos parents et voisins. Si je me rendais aujourd'hui au Pakistan, je suis certaine que j'aurais beaucoup d'autres sujets de perturbation mais, à 17 ans, les vêtements étaient au cœur de nos disputes. Il ne s'agissait pas d'impressionner mes amis et ma famille du Pakistan en portant des jeans à la mode et des tee-shirts fashion. Je voulais leur montrer à tous que j'étais différente et, plus encore, que j'étais fière de ne pas leur ressembler.

Les travailleurs sociaux de Linz ne m'avaient-ils pas conseillé d'accompagner mes parents au Pakistan pour leur prouver que leurs tentatives de faire de moi une jeune fille pakistanaise étaient vouées à l'échec ? Elles *devaient* échouer.

Et quelle était la meilleure façon de le leur prouver ? En racontant à ma famille pakistanaise tout un tas d'horribles histoires sur les excès de la vie en Autriche avec sexe, alcool et drogue ? En me plaignant à mon grand-père, le muezzin, de la discrimination honteuse pratiquée quotidiennement contre les femmes au Pakistan ? Même si je le pensais à l'époque, je n'aurais jamais été capable de m'exprimer en ce sens. Aurais-je dû marquer ma différence en refusant à ma mère de l'aider à faire la vaisselle ? Cela aurait été interprété comme une crise d'adolescence passible d'une bonne fessée – en tout cas, c'est ainsi que ma famille l'aurait vu.

La manière de m'habiller restait ma seule façon d'exprimer cette « différence », et c'est pourquoi j'attachais autant d'importance à mon apparence occidentale, même si, à l'époque, je n'en étais pas entièrement consciente.

Ma jeunesse passée en Autriche m'avait rendue définitivement différente. Plus le temps passait au Pakistan, plus cela se confirmait, et surtout après avoir quitté Salman et sa famille pour nous rendre à mon village natal, Dhedar.

Le voyage de Lahore à Dhedar dura plus de deux heures. J'étais assise à l'arrière près de ma sœur Aicha. Quand nous avons enfin aperçu les premières maisons de Dhedar, j'ai senti ma gorge se serrer. Rien n'avait changé : les rues, les maisons, et même les arbres donnaient l'impression que nous étions partis la veille. Quel bonheur de pouvoir revenir chez soi, malgré tout ce qui s'était passé. En arrivant dans notre ancienne rue, la voiture a ralenti, et ma sœur m'a serré la main.

«J'ai peur, a-t-elle gémi.

– Pourquoi ?

– Regarde derrière nous.»

Il était tellement rare que des voitures s'aventurent jusqu'ici que notre arrivée constituait un événement majeur pour les enfants du village qui couraient derrière nous avec enthousiasme. Comme lors de notre départ, Dhedar comptait tout au plus deux mille habitants. Le village se trouve sur une grande plaine, une région frontalière entre l'Inde et le Pakistan que se disputent les deux pays depuis des siècles, et d'où on aperçoit les montagnes du Cachemire. La région n'est pas très développée économiquement. Il n'y a pas la moindre industrie dans un rayon de cent kilomètres, ce qui force les habitants de Dhedar à vivre de leur agriculture. Livres et journaux sont rares, et une poignée d'habitants seulement a les moyens de s'offrir une télévision. Déjà à Lahore, j'avais été frappée par le sous-développement qui règne au Pakistan mais, à Dhedar, j'ai éprouvé un véritable choc.

En passant devant les premières maisons, j'ai remarqué combien mon père était tendu. Aujourd'hui, je comprends la pression à laquelle il était soumis : il avait toujours aimé Dhedar, probablement parce qu'il en était parti à 18 ans pour aller en Europe. Pour mon père, Dhedar représentait quelque chose de spécial, un endroit où il jouissait surtout d'une chose : le respect

– surtout en raison de la position de mon grand-père. Alors qu'en Europe mon père était toujours resté un étranger, n'habitant jamais les quartiers résidentiels et ne parlant pas parfaitement la langue, ici il était respecté. Chaque fois qu'il revenait à Dhedar, les voisins insistaient pour l'entendre raconter ses histoires sur l'étranger, et quand il disait quelque chose, on l'écoutait. C'est sans doute pourquoi le respect, et la réputation de la famille en particulier, comptait tellement pour mon père.

Pourtant, son enfance n'avait pas été facile. Peu après sa naissance, mon grand-père avait divorcé de la mère de mon père parce qu'elle n'était apparemment pas assez blanche – en d'autres termes, pas assez belle pour lui. Peu après ce divorce, ma grand-mère biologique était allée vivre dans un autre village à plus de deux heures de Dhedar, mon grand-père s'était remarié, et mon père avait hérité de six demi-frères et sœurs : Nazia, Shazia, Safia, Rafia, Imran et Iqbal. Mais il n'en avait jamais été très proche. Et, jusqu'à ce jour, mon père n'a presque plus jamais eu de contacts avec sa vraie mère. Pour lui, seul comptait mon grand-père, le muezzin. C'était un personnage important, et c'est à lui seul que mon père voulait prouver quel bon chef de famille il était.

Nous sommes restés une semaine à Dhedar et, dès le premier instant, je m'y suis sentie mal à l'aise. À Lahore, cela avait déjà été assez pénible d'être obligée de rester toute la journée à la maison, mais à Dhedar, cela devenait parfaitement insupportable. D'ailleurs, ici, je connaissais la plupart des gens que j'étais susceptible de croiser dans la rue. Qui oserait me siffler comme cela avait été le cas à Lahore ? Petite fille, j'avais couru des heures dans le village avec mes amies ; j'en connaissais chaque recoin, chaque arbre, chaque puits. Pourquoi, maintenant, cette activité m'était-elle interdite ? Parce que j'avais dix ans de plus, et que j'avais mes règles ?

J'avais aussi du mal à comprendre l'attitude de mes cousines face à ces interdits. J'avais l'impression qu'elles avaient accepté leur destin, et s'étaient transformées en femmes silencieuses et soumises. Elles portaient leur *salwar kameez*, ne parlaient que si on leur adressait la parole, et s'occupaient exclusivement de la maison. Une ou deux fois, j'avais essayé de leur parler, en vain. Quand j'évoquais l'école devant elles, elles se contentaient de hocher la tête d'un air incrédule. Comment filles et garçons pouvaient-ils être dans la même classe ? Elles n'avaient pas la moindre idée des films que j'avais vus, ni des livres que j'avais lus. Elles n'avaient aucune idée de la vie en Occident et se comportaient d'ailleurs comme si elles ne voulaient rien en savoir. La réciproque était aussi vraie. Elles me parlaient de leurs recettes et me racontaient les derniers potins du village, ce qui ne m'intéressait absolument pas.

La pire journée de mon séjour a été celle de la visite de mon amie d'enfance, Deira. J'étais pourtant ravie de la revoir, mais dès qu'elle est entrée dans la maison, j'ai su que rien ne serait plus comme avant. Elle portait une *salwar kameez* blanche et longue, avec un voile sur les cheveux. Mais cela n'était rien à côté de ce que je voyais : ma Deira, qui avait toujours été la plus effrontée et vivante de nous deux, était devenue une femme silencieuse et réservée. Elle s'est assise sur le canapé du salon, soucieuse de ne faire aucun geste inapproprié et de se montrer aussi discrète que possible, presque comme si elle n'existait pas. Nous avons parlé de ma vie en Autriche mais, à chacune de mes phrases, je voyais de plus en plus nettement qu'elle était gênée par mes histoires. Elle ne pouvait pas comprendre que des femmes puissent s'asseoir dans un café et bavarder avec des hommes, comme je l'avais fait à Linz. Et quand je lui ai dit qu'en été j'allais parfois à la piscine, elle a semblé complètement abasourdie, comme si je lui avais confié que je couchais toutes les nuits avec un garçon différent.

Sa seule distraction en sept ans avait été deux visites à Lahore où elle était allée faire des courses avec sa famille. Sa vie se déroulait à l'intérieur d'un espace d'environ cinquante mètres carrés, et d'une cour d'à peine plus de cent mètres carrés, ce qui ne semblait pas du tout la déranger. Elle m'a annoncé qu'elle devait se marier l'année suivante – à un homme qu'elle n'avait jamais vu, bien entendu – et elle se réjouissait de tout : de son mariage, de son mari, et des enfants qu'il lui donnerait.

Après que ses frères furent venus la chercher deux heures plus tard, car elle n'avait pas le droit de sortir seule dans la rue, j'étais dans un état second. Deira avait évolué conformément à cet environnement. Elle était devenue une Pakistanaise bien élevée, qui n'avait pas besoin de se soucier de son avenir puisqu'il avait été décidé par ses parents. J'étais désolée pour elle parce que j'avais l'impression que sa vie était terminée, avant même d'avoir commencé. Et, en même temps, la visite de Deira m'avait bouleversée car j'avais compris à travers elle, et pour la première fois au Pakistan, ce que mes parents attendaient de moi. J'en étais certaine maintenant. Depuis, je n'ai plus jamais revu Deira, ni eu de ses nouvelles.

Les journées à Dhedar obéissaient à un rituel immuable : nous nous levions, prenions notre petit déjeuner à base de pain plat et de *tchaï* avant que les hommes ne partent. Les femmes faisaient la cuisine, le ménage et bavardaient. C'était horrible. Je n'avais pas la permission de quitter la maison et, malheureusement, je n'avais pas grand-chose à dire à mes tantes et mes cousines.

Le thème récurrent des conversations était mes fiançailles imminentes avec Salman, dont la plupart de ma famille étaient naturellement au courant, comme mes cousines, qui me questionnaient régulièrement à son sujet. Elles voulaient savoir comment il était avec moi, et si je me réjouissais à l'avance de notre mariage. Pour elles, j'étais celle qui avait de la chance – cela ne faisait aucun doute. Elles connaissaient toutes Salman, et le trouvaient intelligent et beau.

« Tu as vraiment eu de la chance », m'a dit un jour ma cousine Nasija.

Quand j'ai éclaté de rire, elle m'a regardée avec étonnement. Elle-même était promise à un parent éloigné qu'elle n'avait jamais vu. Mais cela ne la dérangeait pas. En fait, elle attendait ce mariage avec impatience car elle partirait de Dhedar pour s'installer dans un autre village et entamer une nouvelle vie. Elle était agacée que je n'attache aucune importance à mes fiançailles avec Salman, et que je m'en moque même. Elle ne pouvait pas comprendre que je ne veuille pas l'épouser parce que, en Autriche, personne ne se marie sans amour, simplement sur l'insistance des parents. Notre conversation est vite retombée quand je me suis aperçue que je n'arriverais pas à convaincre Nasija.

En tout cas, le lendemain, mon père et mon grand-père m'ont convoquée. Ils étaient furieux. Au premier abord, je n'ai pas compris pourquoi, mais quand ils ont mentionné ma conversation avec Nasija, tout est devenu clair.

« Pour qui te prends-tu ? hurlait mon père. Comment peux-tu déshonorer ta famille avec de telles histoires ? »

Je me suis mise à pleurer.

« Je ne veux pas vous déshonorer, mais je ne veux pas épouser Salman.

– Tu l'épouseras. Tu ne déshonoreras pas ton père et ta mère », a ordonné mon grand-père, fou de rage.

Étaient-ils vraiment sérieux ? M'avaient-ils menti quand ils m'avaient assuré à Linz que je pourrais faire ce que je voulais ? Je commençais à comprendre que j'étais prise au piège. J'étais au Pakistan, un endroit où je pouvais être sûre que personne ne me viendrait en aide. Ici, il n'y avait pas de foyer d'urgence, pas de travailleur social auprès de qui me réfugier. Que pourrais-je faire s'ils me forçaient à me marier ? Décidément, j'étais à battre. Comment avais-je pu être aussi stupide pour venir ici et me livrer aux mains de cette société ? Il me restait un tout petit espoir, que nous retournions bientôt en Autriche. Nous étions ici depuis plus de trois semaines, mon père reprendrait bientôt son travail. Et cette torture prendrait fin – pour toujours.

Je me souviens à peine des jours qui ont suivi. Je sais seulement que nous avons quitté Dhedar pour faire le tour du Pakistan. Nous nous sommes rendus à Saida Braham, à Gujrat et à Barnali où habitaient d'autres membres de la famille. Et partout, la même comédie recommençait : à notre arrivée, nos parents étaient heureux de me voir, mais bientôt ils se mettaient à chuchoter derrière mon dos. Quand ils mentionnaient Salman, je restais silencieuse, pour ne pas provoquer inutilement mon père. Mais, pour moi, il était absolument certain que je ne l'épouserais pas. Mes parents finiraient bien par reconnaître que ce n'était pas la peine d'insister et nous repartirions chez nous en Autriche.

J'ai été très soulagée en apprenant que notre périple au nord-est du Pakistan était enfin terminée, et que nous allions retourner à Lahore. Dans quelques jours nous serions dans l'avion en route vers l'Autriche. J'avais dit à mes parents que je ne voulais pas rester ici car il était évident que je ne pourrais jamais entrer dans une école d'art dramatique. Comme ils ne m'avaient pas répondu, je supposais qu'ils avaient accepté ma décision.

Lorsque nous sommes arrivés à la maison de mon oncle et de ma tante, j'ai été surprise de voir le nombre de membres de la famille qui s'y étaient rassemblés. Mon grand-père était venu de Dhedar, tout comme mes oncles, tantes et cousins à qui nous avions rendu visite peu de temps auparavant. J'aurais dû tout de suite comprendre, mais j'ai préféré évacuer cette pensée et faire comme si de rien n'était.

Pendant tout l'après-midi, je suis restée assise dans la cour avec mes cousins, et leur ai répété combien j'étais heureuse de retourner en Autriche. Dans la soirée, mon oncle, le père de Salman, est sorti, et m'a demandé de l'accompagner dans le salon. Ils étaient tous là, assis en demi-cercle autour de mon grand-père : mon père, ma mère, la mère de Salman, deux autres tantes et oncles, et Salman lui-même, à la fois tendu et indifférent comme à son habitude.

La pièce était ornée de fleurs, et les murs couverts de portraits et de photos de la famille. Une odeur intense de curry et de fleurs flottait dans l'air. Je ne pouvais plus me voiler la face ; faire semblant n'aurait servi à rien. Tous ces membres de ma famille étaient venus car c'était ici et maintenant que mon avenir allait se décider – et ce, d'une façon que je n'aurais jamais pu imaginer, même dans mes pires cauchemars.

Pendant un long moment, il a régné un silence inquiétant. Tout le monde nous regardait Salman et moi. Finalement, ma tante a pris la parole.

« Nous venons de décider que tu seras ma belle-fille. »

Oh ! oui, ma tante était parfaitement sérieuse, et je voyais que cela lui faisait plaisir. Pire encore : elle était comblée. Ses yeux brillaient comme jamais je ne les avais vus briller depuis que j'étais à Lahore. J'ai regardé autour de moi. Tout le monde essayait de paraître aussi solennel que possible. Que fallait-il faire ? Leur sérieux ne faisait aucun doute. Mais je ne pouvais pas m'enfuir, il n'y avait personne susceptible de m'aider. J'ai alors pris mon courage à deux mains et décidé de tourner la chose en plaisanterie.

« Hé, Salman *bhai*, tu les as entendus ? De frère, tu vas te changer en mari. N'est-ce pas merveilleux ? ai-je dit très fort en regardant mon cousin.

– Arrête ces bêtises tout de suite ! Ce n'est pas une plaisanterie », a grondé ma mère qui s'était levée.

Je ne l'avais jamais vue aussi furieuse. Une ride profonde se creusait au-dessus de son nez sous l'effet de la colère, et une veine bleue battait sur sa tempe.

« Tu épouseras Salman, et c'est tout ! » a-t-elle crié si fort que sa voix s'est cassée.

Cela ne servait à rien. Elle ne changerait pas d'avis.

« Non ! Jamais ! »

Ma voix s'était cassée aussi. Plus furieuse que jamais, j'avais décidé de tenir tête à ce conseil de famille. Je ne leur permettrais pas de décider ainsi de mon avenir.

À cet instant, un vacarme assourdissant a éclaté dans la pièce : ma mère criait, toutes mes tantes parlaient en même temps, et mon père n'arrêtait pas de répéter :

« Quelle honte, quelle honte, je n'en crois pas mes yeux. »

Jusque-là, mon grand-père n'avait pas dit un seul mot, se contentant d'observer la scène, impassible. Quand il s'est levé, un silence de mort s'est fait dans la pièce.

« N'avez-vous pas appris les bonnes manières à cette fille ? »

Disant cela, il est passé devant moi sans même daigner me regarder. Le bas de son pantalon m'a effleuré la jambe lorsqu'il est sorti de la pièce. Jamais je n'avais vu autant de froideur chez quelqu'un. Les autres hommes lui ont emboîté le pas, tandis que je restais avec les femmes.

Le brouhaha a aussitôt repris de plus belle. Tout le monde parlait en même temps, et des bribes de la conversation, telles que « honte » et « ingrate », parvenaient à mes oreilles. S'approchant lentement de moi, ma mère s'est mise à pleurer de rage. Je savais ce que cela voulait dire. J'étais en nage et me sentais devenir écarlate. Quand ma mère est arrivée devant moi, j'ai vu qu'elle avait des taches rouges sur les joues. Ses paupières tremblaient et elle respirait bruyamment. À cet instant, elle a lancé son bras et m'a frappée en pleine figure. Mes joues étaient en feu, et mes yeux pleins de larmes. J'ai levé les bras pour me protéger le visage, mais on ne pouvait pas arrêter ma mère. Elle m'a frappée à plusieurs reprises de la main et du poing. Elle m'a arraché les cheveux et m'a bourrée de coups de pied avec ses chaussures pointues.

J'ai pleuré, crié, et appelé au secours tout en sachant que personne ne viendrait à mon aide. Je n'ai même pas tenté de fuir sachant que cela ne servirait à rien. Où aurais-je pu aller ? Je suis restée au milieu de la pièce, comme paralysée, essayant toujours de me protéger le visage.

« Maman, arrête ! Tu fais mal à ma sœur. »

Ma sœur Aicha m'avait entendue pleurer depuis la pièce à côté, et elle s'était précipitée pour tenter de calmer ma mère. Elle était bien la seule à avoir pitié de moi. À la fin, Salman est intervenu et a écarté ma mère. Cramponnée à Aicha, je me suis précipitée hors de la pièce.

« Espèce de traînée, tu devrais être contente de pouvoir au moins avoir un mari ! »

Ce sont les dernières paroles de ma mère que j'ai entendues avant de claquer violemment la porte derrière moi.

J'étais abasourdie. Quelle humiliation. Ma propre mère m'avait rouée de coups, et les membres de ma famille étaient restés à regarder sans faire le moindre geste pour m'aider. Je pleurais sans pouvoir m'arrêter ; bouleversée, ma petite sœur était assise à côté de moi. Malgré ses 10 ans, peut-être devinait-elle déjà qu'un sort identique l'attendait. Elle aussi était déjà promise à un cousin – Hassan –, le fils d'une de mes tantes maternelles.

Mes frères, en revanche, étaient restés complètement indifférents à la scène. Ils ne me manifestaient aucune sympathie, et lorsqu'ils sont entrés dans la cour, ils ne m'ont pas vue comme leur sœur, mais comme une jeune femme pakistanaise refusant de faire ce qu'on attendait d'elle.

« Pourquoi ne te maries-tu pas ? a demandé Hassan, l'aîné.

– Il y a toujours des problèmes à cause de toi », a dit Adnan.

Je n'ai rien dit : discuter avec eux aurait été inutile. Peut-être qu'un jour ils me comprendraient, mais pour le moment, ils me considéraient comme une provocatrice qui avait gâché une agréable journée en famille.

Mon père n'a pas réapparu ce soir-là. Il avait quitté la maison avec mon grand-père et s'était éclipsé en ville. Il n'avait pas assisté à la scène de ma mère. Après m'avoir humiliée devant tout le monde, elle continuait maintenant à s'humilier elle-même. Je l'entendais crier dans le salon et gémir sans s'arrêter.

« Pourquoi me fait-elle ça ? J'ai enfanté une putain ! » a-t-elle répété, avant de commencer à se flageller avec une baguette.

J'avais entendu dire que certains Pakistanais se flagellaient lorsqu'ils souffraient, mais je n'avais jamais assisté à ce genre de scène. Et voilà que j'en étais témoin – et c'était ma mère dont il s'agissait. Des heures durant, je l'ai entendue crier et se frapper, jusqu'à ce que, soudain, la maison redevienne complètement silencieuse.

Soudain, ma tante a surgi à côté de moi.

« Ta mère s'est évanouie. Que lui as-tu fait ? »

Je suis retournée dans le salon : les autres femmes avaient étendu ma mère sur le canapé. Elle bougeait à peine. Elle avait toujours eu des problèmes de tension, et, cette fois, elle avait abusé de ses forces. Nous avons appelé un médecin.

« Il faut qu'elle boive quelque chose et qu'elle prenne ces comprimés », a-t-il recommandé.

Mais ma mère ne voulait rien entendre.

« Laissez-moi mourir ! J'ai enfanté une putain », a-t-elle dit d'une voix rauque.

Sur ce, le médecin a ordonné qu'on l'emmène à l'hôpital.

« Vois quelle fille tu fais. C'est ta faute si elle est malade », m'a reproché ma tante.

Je n'en pouvais plus. Je ne me sentais pourtant pas particulièrement coupable – j'avais toujours dit que je ne voulais pas épouser Salman. Mais j'étais en butte à tellement d'hostilité, tellement de haine. Ici, je n'avais aucun soutien, et mes amis en Autriche étaient à seize heures d'avion. Je n'avais pas la moindre idée de ce qui allait arriver.

Je me suis alors réfugiée dans la cuisine pour réfléchir. J'étais au Pakistan, personne ne voulait m'aider, mais je n'allais pas épouser mon cousin pour autant. C'était hors de question car je ne passerais pas le reste de mes jours à Lahore, dans la cuisine d'une maison donnant sur une petite rue – une rue dans laquelle je ne pourrais jamais aller. Je ne pouvais pas laisser ma vie prendre cette direction. J'avais d'autres projets : je voulais terminer mes études, et ensuite montrer au monde ce dont j'étais capable. Je ne voulais pas me fondre dans la masse, comme mes cousines et leurs mères dont la seule ambition était de demeurer invisibles.

Mais comment faire ? Je ne pouvais pas en parler avec mes parents qui me reprochaient justement de ne pas être conforme à leurs souhaits. Tout ce qu'ils m'avaient promis à Linz devant les travailleurs sociaux ne signifiait plus rien. Ils étaient furieux, agressifs, et visiblement prêts à tout.

Et dans un sens, je les comprenais. Ils avaient grandi dans un monde avec des valeurs complètement différentes et restaient étrangers à la plupart de mes centres d'intérêt. Pour eux, j'étais une cause de honte, une honte qui risquait de les marquer à vie. Ma mère avait perdu la face devant ses sœurs, et mon père, pour qui honneur, moralité et respect étaient sacrés, avait fait preuve de faiblesse devant son père. Mon père, entre tous ! L'homme qui s'était toujours battu pour être reconnu et qui pensait avoir atteint son but grâce à sa réussite en Europe, non seulement aux yeux de ses voisins mais surtout à ceux de son père. Et maintenant, à cause de moi, il était devenu la risée de tous.

Étais-je vraiment responsable de tout ? Aurais-je dû me soumettre ? Brusquement, au cours de ces quelques minutes passées dans la cuisine, j'ai compris que je n'avais aucune issue. Ma vie était définitivement gâchée. Si j'épousais Salman, je passerais le reste de mes jours dans une petite rue au Pakistan ; si je refusais, j'offenserais à tel point mes parents que notre relation serait à jamais compromise.

À cet instant, j'ai vu sur l'égouttoir le lourd couteau plat que ma tante avait utilisé pour couper la viande. Hors de la cuisine, on entendait les membres de ma famille crier et se lamenter. Ma mère était à l'hôpital à cause de moi. Mon père n'avait toujours pas réapparu, mais cela n'avait aucune importance : lui non plus ne risquait pas de venir à mon secours. J'ai pris le couteau. Mais soudain, Salman a surgi dans la pièce. Quand il m'a vue, il s'est jeté sur moi, m'a précipitée à terre en me faisant lâcher le couteau. Il n'a pas eu besoin de parler – son regard horrifié était éloquent. Je me suis mise à pleurer de rage et de désespoir.

« Salman, essaye de comprendre, je ne t'aime pas. J'en suis désolée. Mais je n'épouserai jamais un homme que je n'aime pas. »

Pour une Pakistanaise, il est évidemment impossible de rejeter un futur époux. Pour l'homme, c'est tout le contraire : il peut refuser de se marier, même si ses parents ont choisi une femme pour lui. C'était arrivé à une de mes cousines : après leur première rencontre, l'homme à qui elle était promise a refusé le mariage. Salman ne pouvait-il pas en faire autant ?

« Je suis désolée, Salman, mais je ne serai jamais une bonne épouse pour toi. Après tout ce qui est arrivé, je ne pourrai jamais t'aimer. Est-ce cela que tu veux ? Pourquoi ne pas dire à ton père et à ma mère que tu ne veux pas m'épouser ? »

Il me regardait fixement, sans la moindre expression.

« Parce que je t'aime. Je t'aime, et tu apprendras à m'aimer aussi. »

Sur ces mots, il a pris le couteau et est sorti de la cuisine.

Aujourd'hui, je suis certaine que je ne me serais jamais fait de mal. J'aurais été incapable d'un tel acte, et pas seulement parce que la foi islamique interdit le suicide. Je ne l'aurais pas fait parce que je n'en avais pas fini avec la vie. Secrètement, je nourrissais encore l'espoir qu'une solution puisse être trouvée à mon problème. Mais je me souviens encore du sentiment d'impuissance que j'avais à ce moment-là. Ces souvenirs resurgissent dans ma mémoire encore aujourd'hui. Quand je vois dans le métro une mère turque grondant son enfant. Ou bien si je regarde une émission sur un pays islamique, que je lis un article dans un journal, ou qu'une odeur intense de curry venant d'un restaurant indien m'envahit les narines. J'ignore si ces souvenirs me quitteront définitivement un jour.

Ce soir-là, ma mère est sortie de l'hôpital. J'étais immensément soulagée de la savoir mieux, et qu'elle n'ait pas à passer la nuit là-bas. Ma tante et mes cousines l'ont conduite dans le salon et l'ont allongée sur le divan. Elle s'est endormie rapidement, mais on ne m'a pas laissée entrer, bien que je l'entende ronfler.

« Laisse-la tranquille, Sabatina. Elle risquerait de s'agiter encore plus », m'a dit ma tante.

Le lendemain, ma mère était en mesure de se lever. Elle n'a pas dit un mot sur les événements de la veille, mais je savais, rien qu'en la regardant, qu'elle me rendait responsable de tout. Quand, en plus, mon frère Hassan est tombé malade et a insisté pour rentrer, mon père a décidé que nous repartirions plus tôt que prévu. Il s'est occupé des billets d'avion, et nous avons commencé à aller dire au revoir aux voisins. J'étais formidablement soulagée. Enfin nous retournions en Autriche. Mes problèmes ne seraient pas réglés pour autant mais, au moins, dix mille kilomètres nous sépareraient à nouveau, ma famille et moi. Peut-être les choses finiraient-elles par bien se terminer.

Les jours précédant notre départ, je me suis efforcée d'être particulièrement gentille avec ma tante et Salman. J'espérais pouvoir encore les persuader de refuser le mariage. Tout irait bien alors. Mais chaque fois que je commençais à en parler, il m'arrêtait en disant qu'il y réfléchirait plus tard, en paix. Pour l'instant, je devais en rester là. Peut-être tomberait-il amoureux de quelqu'un d'autre une fois que je serais retournée en Autriche.

Le jour de notre départ, je me suis levée très tôt pour faire ma valise, et aider ma tante à préparer le petit déjeuner. Elle s'est montrée gentille avec moi ; peut-être était-elle aussi un peu triste de la façon dont les choses s'étaient déroulées. Peu avant 10 heures, mon oncle est arrivé dans la voiture d'un voisin et a commencé à charger nos bagages avec Salman et mon père. Toutes les valises avaient disparu dans le coffre – sauf la mienne.

« Tout le monde en voiture ! » a crié mon oncle.

Je l'aimais beaucoup, car, de tous les membres de ma famille, c'est lui qui avait été le plus gentil avec moi.

« Tu as oublié ma valise. »

J'étais d'excellente humeur. Demain, je serais de retour à Linz.

« Non, nous ne l'avons pas oubliée, a dit mon père d'une voix glaciale.

– Que veux-tu dire ?

– Nous ne l'avons pas oubliée. Tu ne viens pas avec nous. »

Je me suis sentie mal, et mes jambes se sont mises à trembler tellement que j'ai été obligée de m'asseoir par terre.

« Mais pourquoi ? Pourquoi est-ce que je ne prends pas l'avion avec vous ? »

Mon père s'est approché de moi et m'a regardée de la tête aux pieds. Il faisait chaud. Je voyais des auréoles sous ses bras et je sentais son haleine.

« Je n'ai pas acheté de billet pour toi parce que je ne le voulais pas. J'ai parlé avec ton grand-père il y a quelques jours, et il est du même avis que moi. Nous voulons que tu restes ici. Nous voulons que tu vives avec ta tante et ton futur mari, et que tu deviennes une jeune fille convenable. Une jeune fille qui se comporte et pense comme une bonne Pakistanaise », a-t-il dit sans élever la voix mais d'un ton pressant.

Je me suis mise à pleurer. J'aurais voulu dire quelque chose mais j'en étais incapable.

« Combien de temps ? ai-je enfin réussi à demander.

– Jusqu'à ce que tu sois disposée à épouser Salman. »

Effondrée, j'ai supplié mon père de m'emmener avec eux, mais il a refusé de changer d'avis. Sa seule concession a été de me permettre d'accompagner la famille jusqu'à l'aéroport. Assise de nouveau à l'arrière de la voiture avec ma sœur Aicha, j'ai pleuré pendant tout le voyage.

« Qu'est-ce qu'il y a ? Nous allons bientôt être en Autriche », m'a dit ma sœur.

Apparemment, personne ne l'avait prévenue que je ne venais pas avec eux, et je n'avais pas le cœur de le lui dire.

J'ai accompagné ma famille à la porte d'embarquement avec mon oncle et Salman. Avant le contrôle des passeports, mes frères se sont approchés de moi.

« *Salam*. Bonne chance. »

Ils n'avaient rien d'autre à me dire. La séparation avec mes parents a également été très froide. Ils ont pris Aicha par la main et ont franchi le contrôle des passeports.

« Que se passe-t-il, Sabatina ? Viens », a-t-elle crié.

Je ne pouvais pas la regarder en face.

« Je ne pars pas, Aicha. Je reste ici et je t'attendrai. Ne m'oublie pas. Et père, je t'en supplie, reviens me chercher.

– Nous verrons. »

J'ai fait demi-tour et suis sortie en courant de la salle d'embarquement.

4

D'après le Coran, Allah n'a pas seulement créé sept ciels, mais aussi sept enfers. Mais, pour moi, il en existait un huitième. Il mesurait un peu plus de quatre-vingts mètres carrés et se trouvait à Lahore – c'était la maison de Salman. Il comprenait trois pièces : le salon où couchait mon oncle, la chambre à coucher où ma tante, mes cousines et moi déroulions nos matelas le soir, et la troisième chambre réservée à Salman. C'était une maison simple mais fonctionnelle, avec une cuisine séparée, une salle de bains et des toilettes dans une cour intérieure contiguë à la maison du voisin, d'où on accédait à la rue par un portillon.

La maison de la famille de mon cousin se trouvait dans la Guishan Ali Colony, le quartier de Lahore occupé en majorité par des fonctionnaires, des employés de bureau et des membres de l'armée. Compte tenu du niveau de vie pakistanais, ce quartier était une zone résidentielle destinée aux classes moyennes, même si, au regard des Occidentaux, il ressemblait plutôt à un quartier pauvre. Toutes les maisons de la rue de Salman étaient construites sur le même modèle : un portail et, derrière, une petite maison avec une grande cour, toutes du même gris monotone. Les rues étaient étroites, poussiéreuses et pleines de nids-de-poule. On y voyait rarement de pavages, de jolis squares ou de parcs. Comme partout, sous ces latitudes, il faisait constamment chaud et humide, et j'étais perpétuellement en nage.

Mon oncle Asghar, qui avait travaillé pour l'armée, avait obtenu une retraite anticipée en raison d'une blessure, mais il était rarement chez lui. Il quittait la maison chaque matin pour retrouver ses amis dans un des nombreux salons de thé de Lahore, et rentrait généralement juste avant la tombée de la nuit.

Le chef incontesté de la famille était ma tante Shehnaz, la sœur de ma mère. Elle dirigeait la maison d'une voix d'adjudant, et même mon oncle n'osait pas la contredire. Tante Shehnaz avait 40 ans bien sonnés, et elle était déjà très grosse. Des années auparavant, après une maladie, on avait dû lui enlever un poumon, et elle avait des problèmes de diabète. Les médecins lui avaient conseillé d'éviter toute forme d'excitation, un avis auquel ma tante impulsive ne prêtait aucune attention. Mon cousin Salman était son chouchou. Il allait encore à l'école et voulait devenir électricien.

Il y avait aussi mes deux cousines : Sana, plus âgée que moi d'un an, et Hina, plus jeune de cinq ans. Les deux étaient de parfaites bonnes Pakistanaises. Elles aidaient toute la journée dans la maison, ne posaient aucune question délicate, et quand elles sortaient de la maison, les cheveux soigneusement cachés sous un voile, c'était toujours accompagnées par leur père ou leur frère.

Le départ de mes parents avait été un coup dur pour moi. C'était la première fois qu'ils me laissaient seule, et, qui plus est, ici, dans un pays que je ne connaissais pas, et où je ne pouvais pas me repérer. Je n'avais personne non plus avec qui parler de mes problèmes, en dehors de ma tante et de Salman, les deux personnes qui étaient justement à la base de tous ces problèmes. Je ne m'étais jamais sentie aussi seule et abandonnée. Pendant le trajet du retour de l'aéroport, je n'avais pas arrêté de pleurer. Je n'arrivais pas à me calmer.

« Tout ira bien, répétait sans arrêt Salman, assis avec moi à l'arrière de la voiture.

– Qu'est-ce qui peut aller bien ? » lui avais-je demandé, tout en sachant parfaitement qu'il n'avait pas de réponse à m'apporter.

Je ne tomberais pas amoureuse de lui. Je ne l'épouserais pas.

Mes parents voulaient que je me transforme en bonne Pakistanaise. Je n'arrive toujours pas à les comprendre. Croyaient-ils vraiment que mon exil m'amènerait à revoir ma façon de penser et que j'effectuerais un virage à cent quatre-vingts degrés ? Que j'entamerais une nouvelle vie ? J'avais presque 17 ans à l'époque – je n'étais plus une enfant qu'on pouvait transformer à sa guise par la violence, l'endoctrinement religieux et la cruauté mentale. J'avais passé mon adolescence dans un pays où l'on trouvait à chaque coin de rue du Coca-Cola, des cinémas, MTV et H&M ; où une fille pouvait retrouver impunément des garçons, et passer ses après-midi entre la piscine et les cafés. Je n'avais pas vraiment profité de tous ces avantages – mes parents ne me laissaient pas autant de liberté, même en Autriche. Mais au moins, je savais que ces choses existaient, et c'est pourquoi elles me manquaient.

Quand nous sommes revenus de l'aéroport, ma tante nous attendait. Je pleurais toujours, mais ma tante, qui, la veille, avait fait un effort pour être aimable, n'a rien tenté pour me consoler.

« Arrête de pleurnicher, m'a-t-elle dit sèchement. Quand j'en aurai fini avec ton éducation, tu sauras ce qui est bien et ce qui ne l'est pas. »

J'ai pleuré toute la nuit.

Quand je me suis réveillée le lendemain matin, Salman et ma tante étaient déjà habillés.

« Lève-toi, m'a dit ma tante. Et habille-toi. Nous allons te trouver une école. »

Nous nous sommes tassés tous les trois sur le vélomoteur de Salman. Au fond, ce n'était pas si mal si ma tante me cherchait vraiment une école. Peut-être existait-il une école spécialisée dans le chant ou l'art dramatique. Mais en arrivant devant l'immeuble de la première école, j'ai été brusquement ramenée à la réalité. La construction basse sans rien de remarquable était sale et poussiéreuse, même à l'extérieur. De toute évidence, ma tante avait une autre conception de l'école. Puis, tout à coup, j'ai compris ce qu'elle avait en tête : elle allait m'envoyer dans une école coranique.

Au Pakistan, il existe des écoles coraniques pour filles, et j'en avais déjà beaucoup entendu parler. Dans une école coranique, le Coran est lu six jours par semaine depuis tôt le matin jusqu'à tard le soir. Des centaines de filles y sont entassées sans la moindre liberté. De ce que j'en savais, les filles n'ont aucune autre occupation que de se concentrer sur les écrits de Mahomet. On disait que, dans ces écoles, la nourriture était infecte, l'hygiène épouvantable ; en plus, les élèves étaient battues. Ces écoles servaient de foyers d'éducation pour les extrémistes, et bien qu'étant une musulmane croyante à l'époque, j'étais loin de partager les vues des extrémistes.

En entrant dans l'école, il m'a suffi d'un coup d'œil pour avoir la confirmation de tout ce que j'avais entendu dire. Tout était exactement comme je l'avais imaginé. J'ai vu des dizaines de filles dans leurs *salwar kameez*, la plupart avec un tchador pour cacher leurs cheveux. Personne ne riait, personne ne parlait, et le silence était presque sépulcral.

Nous nous sommes rendus dans le bureau du directeur, et ma tante lui a dit qu'elle voulait m'inscrire. Le directeur m'a regardée.

« D'où viens-tu ? m'a-t-il demandé.

– Je suis née à Dhedar, mais je vis en Autriche depuis sept ans. »

Il m'a demandé d'attendre dehors. Peu après, ma tante est ressortie.

« Il t'a refusée, a-t-elle dit. Il ne veut pas d'Européennes dans son école. »

Elle était furieuse, mais j'ai poussé un soupir de soulagement. Si aucune des écoles coraniques ne voulait d'Occidentale, j'échapperais peut-être au pire.

La même chose s'est reproduite dans toutes les autres écoles. Dès que le directeur apprenait que je venais d'Autriche, il me refusait. Une directrice a même suggéré à ma tante de m'envoyer dans une école normale.

« Une école coranique est déjà assez difficile pour nos filles. Pour ta nièce, ce serait presque inhumain », a-t-elle dit, après m'avoir regardée attentivement.

Mais ma tante ne se laissait pas dissuader.

« Il faut que tu sois élevée correctement. Ne t'en fais pas, nous trouverons quelque chose d'approprié. »

C'était exactement ce que je craignais.

Le quatrième jour, ma tante a fini par trouver une école – un pensionnat qui acceptait de me prendre. Deux jours plus tard, ma tante et Salman m'y ont emmenée à vélomoteur.

« Tu ne reviendras pas avant de ressembler à toutes les autres », m'a dit ma tante devant l'entrée, avant de s'éclipser.

Cette école coranique d'obédience sunnite se trouvait au centre de Lahore. De l'extérieur, elle n'avait déjà rien d'attrayant : on ne voyait qu'un long mur de couleur claire, au plâtre en grande partie écaillé. Au milieu, il y avait un portail métallique lourd qui grinçait quand il s'ouvrait. Derrière le portail, regroupés autour d'une cour, se trouvaient trois immeubles à toit plat d'un étage, qui, de toute évidence, n'avaient pas été rénovés depuis des années. Le plâtre s'effritait des façades et, sur un des murs, on voyait déjà de grands trous. La cour intérieure était parfaitement dégoûtante, avec des pierres et des tuiles jonchant le sol parmi des déchets de nourriture à moitié pourrie – un paradis pour les parasites en tout genre. Il régnait une odeur nauséabonde de nourriture en décomposition, de matières fécales et d'urine, mélangée avec l'omniprésente senteur de curry.

C'était horrible. En entrant dans la cour, j'avais déjà été frappée par le silence. On n'entendait rien, malgré les centaines de filles réunies dans l'école. Au Pakistan, où tout est particulièrement bruyant et agité, c'était inhabituel.

À ce jour, je ne sais toujours pas combien il y avait de pièces et de classes dans mon école coranique, parce que nous n'avions pas le droit de nous déplacer dans les locaux de l'école. En dehors des toilettes et des douches, je n'ai vu, pendant tout mon séjour, que ma salle de classe et la cour intérieure, où on faisait l'appel tous les matins.

La salle dans laquelle m'a conduite la directrice était carrée, d'environ cinquante mètres carrés, avec un sol couvert de moquette. Surprise, j'ai regardé autour de moi et ai demandé aux autres filles où étaient le dortoir et la salle à manger. Mais leurs rires m'ont bien fait comprendre qu'il n'y en avait pas. Les mois suivants, j'allais passer le plus clair de mon temps dans cette salle. Une trentaine de filles vivaient toute la journée dans cette pièce. C'est là que nous étudiions, que nous mangions et que nous dormions. Il n'y avait pas de chaises, et nous étions donc obligées de nous agenouiller sur la moquette pour manger et étudier. Le soir, nous nous allongions par terre – il n'y avait pas de matelas, et encore moins de lits.

Bien entendu, il n'y avait pas non plus d'air conditionné. Avec trente filles entassées ensemble dans un espace aussi réduit, même le pôle Nord se serait réchauffé. Au Pakistan, où il fait souvent plus de quarante degrés en été, cela devient l'enfer.

Les installations sanitaires étaient encore pires, comme je le craignais. Pour des dizaines de filles, il y avait seulement trois salles de bains avec des douches dont une seulement était en service ; les autres étaient fermées, ou bien la lumière ne fonctionnait pas. Il fallait faire la queue en attendant son tour. La salle de bains elle-même était carrelée, mais les carreaux étaient tellement sales qu'on aurait cru qu'ils n'avaient jamais été nettoyés. Les murs étaient dégoûtants, et quand il faisait chaud – c'est-à-dire quasiment tous les jours –, des mouches et toutes sortes de vermines envahissaient les lieux. Des serviettes qui devaient avoir été blanches étaient maculées de traces de sang et éparpillées partout. Aucune de mes camarades n'avait jamais entendu parler de tampons hygiéniques ;

elles utilisaient les serviettes et les laissaient traîner dans la salle de bains. C'était répugnant.

Les douches défiaient aussi toute description – et pas seulement d'après les standards occidentaux : elles étaient étroites, à peine plus de deux mètres carrés, et leurs portes ne fermaient pas, si bien que tout le monde pouvait vous voir. Le plus absurde était la douche elle-même. Il n'y avait pas de pommeau en tant que tel – un accessoire inconnu ici – mais un misérable petit robinet au niveau du nombril. Je devais soit m'agenouiller pour me laver, soit utiliser un seau en plastique pour me verser tant bien que mal de l'eau sur la tête, ce qui, évidemment, prenait un temps fou. Et le temps était justement compté : à l'extérieur, la suivante attendait pour faire ses ablutions. Je ne traînais jamais dans la douche car, pour comble de bonheur, l'eau était glaciale.

Les toilettes étaient tout aussi désagréables : elles consistaient en un trou dans le sol. Et il n'était pas rare qu'elles soient inondées, et que l'on se retrouve les pieds entourés de matières fécales. Il va sans dire qu'il n'y avait pas de papier de toilette, seulement un seau rempli d'un liquide marron. C'était une véritable torture, et il me fallut plusieurs jours avant de trouver le courage de l'utiliser.

Très vite, je constatais à quel point l'école coranique était monotone. Aujourd'hui, je me souviens avoir eu le sentiment d'être en prison. Mes journées s'écoulaient selon un emploi du temps immuable. Pour certaines personnes, ce genre de routine peut sembler rassurant mais, personnellement, je ne supportais pas la monotonie.

J'étais réveillée un peu avant 6 heures. Après *fadjar*, la prière du matin à 6 heures, nous devions nous laver et nous habiller. L'école n'avait pas d'uniforme, ce qui ne nous empêchait pas de toutes nous ressembler : la plupart des filles portaient un tchador, et celles qui ne voulaient pas en porter devaient nouer leurs cheveux de façon stricte, toute autre coiffure étant supposée déplaire à Dieu. Sinon, nous étions toutes habillées en blanc. Le blanc est la couleur du Prophète, et les musulmans pieux doivent suivre son enseignement non seulement dans leurs pensées, mais aussi en ce qui concerne leur apparence extérieure. Celles qui n'obéissaient pas étaient frappées par la directrice jusqu'à ce qu'elles se soumettent.

La directrice était une des deux responsables qui s'occupaient de nous. Elle était grande, maigre, avec le visage toujours caché sous un voile. Il était impossible de deviner son âge mais, à en juger d'après sa voix basse, elle devait déjà avoir un certain âge. La directrice restait dans notre salle du matin au soir. Elle surveillait la distribution de nos repas, nous envoyait faire nos ablutions le matin, et, pendant les heures de classe où nous devions lire le Coran, elle s'assurait que nous nous comportions correctement, que nous ne parlions pas, et que nous ne nous permettions aucune distraction. Elle veillait à ce que règnent la discipline et l'ordre, et, pour cela, avait toujours une canne en main, qu'elle n'hésitait jamais à utiliser. S'il arrivait que nous chuchotions, riions, ou nous comportions de quelque autre façon inconvenante, elle nous frappait au moins cinq fois avec sa canne.

En dehors des lectures qui avaient lieu le matin, l'après-midi et le soir, il y avait aussi des cours de religion dispensés par un mollah. Quand il était là, nous lisions aussi le Coran, et il nous expliquait les paroles du Prophète. Ce cours commençait à 10 heures du matin et durait deux heures.

« Lakdio Parda Karo ! » criait la directrice lorsque le mollah arrivait, ce qui voulait dire : « Les filles, couvrez-vous, le mollah arrive. »

Nous nous cachions alors le visage derrière nos voiles et entrions dans la salle de cours.

Le mollah n'avait pas le droit de voir des femmes ; c'est pourquoi, pendant ce cours, notre salle était partagée par un rideau. Le mollah était assis d'un côté du rideau, et les filles de l'autre côté en deux rangs de quinze. Devant nous, il y avait une table longue de cinq mètres et de cinquante centimètres de haut sur laquelle reposait le Coran. Le Coran ne devait jamais être posé par terre.

« Salam aleikoum wa rahmatullah. » « La paix soit avec vous. »

C'était toujours ses premiers mots. Il décidait ensuite quelle page du Coran serait lue ce jour-là, et commençait la leçon. Un silence total régnait dans la salle car personne n'osait poser de questions à l'enseignant.

Bien que sachant qu'il avait une Européenne dans sa classe, le mollah ne voulait pas me demander lui-même pourquoi j'étais là. Un jour, il m'a entendue pleurer en classe.

« Qui pleure ? a demandé le mollah.

– La fille d'Autriche, ont répondu les autres. »

Il m'a demandé de m'approcher. Je me suis levée, ai rajusté ma *salwar kameez*, et suis allée à l'avant de la salle.

« Non, ne tire pas le rideau. C'est interdit ! » ont crié les autres en me voyant tendre la main pour l'écarter.

J'étais perdue. Voulait-il me parler ou non ?

« Comment t'appelles-tu, et pourquoi pleures-tu, fille ? a demandé le mollah.

– Je m'appelle Sabatina. Et je n'en peux plus d'être ici, ai-je dit en reniflant, avant de sortir mon mouchoir pour me moucher.

– Allah t'a choisie, Sabatina. C'est pour cela que tu as le droit de fréquenter une école coranique. C'est un cadeau, une chance, et c'est pour cette raison que tu devrais être pieuse et ne pas pleurer. »

Mais cette pensée n'a pas réussi à me réconforter non plus. Tant pis si je devais être récompensée en allant au paradis le jour de ma mort, j'étais pour le moment affreusement malheureuse d'être emprisonnée dans une école coranique.

Leçons et lectures continuaient jusqu'au soir, interrompues seulement par des prières : le *zohar* quelque part entre midi et 13 heures, l'*assar* (la prière de l'après-midi) à 16 heures, et le *maghrib* (la prière du soir) à 19 heures. Avant chaque prière, nous devions nous laver rituellement les mains. Il n'y avait qu'une seule pause de toute la journée, une heure à midi, où on nous permettait de nous déplacer dans la salle de cours ou dans la cour. C'est également à ce moment-là que nous mangions. La journée se terminait après l'*ischa* (la prière de la nuit) aux environs de 21 heures.

Cela continuait pendant six jours d'affilée, ensuite nous avions une journée libre. Chaque jour, c'était la même routine – une monotonie à vous rendre folle.

Les autres étudiantes ne semblaient pas en souffrir. Ou bien s'étaient-elles déjà résignées ? La plupart avaient à peu près le même âge que moi, quelques-unes seulement un peu plus. Autour de moi, je voyais des visages sans expression, apathiques. Il ne se passait jamais rien d'excitant. Elles s'étaient coupées du monde extérieur, et vivaient plongées dans la prière, la lecture du Coran, encore la prière, et le sommeil.

Les jours s'écoulaient avec une lenteur insupportable, et je ne parvenais pas à m'habituer à ma nouvelle vie dans cette école. Je pensais presque tout le temps à ma famille. Pourquoi m'avaient-ils fait ça ? Uniquement parce que je ne voulais pas épouser Salman ? J'étais tout le temps triste et m'ennuyais de Linz, de mes amies, et même de mes parents. Mon père m'avait promis qu'il reviendrait me chercher un jour, et je croyais fermement à cette promesse, je m'y accrochais. Mais quand viendrait-il ? Je me souviens encore des innombrables fois où j'ai supplié Allah de me délivrer et d'envoyer mon père me chercher. Mais rien ne s'est produit.

Je n'arrivais pas à me faire une raison. Je savais que je ne survivrais pas à cette torture, sans pouvoir dire exactement en quoi elle consistait : l'école délabrée, les surveillants sévères ou le supplice de l'enfermement quotidien, à végéter dans ce cloaque sans avoir le moindre temps libre ou un changement quelconque ?

Bien que vivant avec d'autres filles dans un espace aussi restreint, je n'avais presque aucun contact avec elles. Elles ne comprenaient pas pourquoi j'éprouvais autant de difficultés à m'adapter. Au début, certaines avaient essayé de me parler, me demandant d'où je venais et pourquoi je pleurais autant. Je leur avais parlé de l'Autriche, de ma vie là-bas, de la musique, du cinéma, et des cafés. Mais elles avaient autant de difficulté à comprendre mes problèmes avec ma famille et mon refus d'épouser mon cousin.

« Qu'y a-t-il de si terrible que tes parents t'aient choisi un mari ? » me demandaient-elles.

Pour elles, c'était tout à fait normal. La plupart étaient promises à quelqu'un. « Amour » ou « tendresse » étaient des mots qui leur étaient étrangers, quelque chose qu'Allah leur donnerait comme un cadeau en plus pour une vie heureuse.

La plupart du temps, parler était interdit pendant la journée. Si une fille parlait trop fort, la directrice la frappait sans prévenir. Parfois, nous étions même obligées de nous rassembler dans la cour, et les enseignantes faisaient un exemple. La fille était rouée de coups de bâton devant les autres pour une broutille, à tel point qu'elle pouvait à peine s'asseoir les jours suivants. J'ai eu la chance de ne jamais faire l'objet d'une telle punition.

À l'école, il ne s'agissait pas seulement de lire le Coran. Les enseignantes nous inculquaient aussi les règles et les recommandations qu'une Pakistanaise devait observer. Par exemple, qu'une femme ne devait jamais avoir les cheveux défaits, parce que c'était considéré comme impudique. Ou bien qu'on ne devait pas boire debout, parce que cela déplaisait à Dieu. Qu'une femme est considérée comme impure au moment où elle a ses règles, et qu'elle ne doit donc pas toucher le Coran pendant cette période.

Pendant les pauses, je restais généralement assise seule dans un coin de la cour, et je contemplais tristement les photos de mes amies en Autriche.

« Que doivent-elles penser ? » me demandais-je.

J'avais promis de leur écrire du Pakistan, mais cela n'avait pas été possible. Un jour, j'avais essayé d'écrire une lettre à mes amies, la directrice me l'avait confisquée.

« Ta tante a dit que tu n'en avais pas la permission. »

Et il n'en a plus été question.

Peu à peu, ma vie à l'école coranique a commencé à me ronger. Je devenais de plus en plus léthargique et mélancolique, et je me traînais d'une journée d'école lugubre à l'autre, même si je les préférais aux journées de congé, que la plupart des étudiantes passaient dans leurs familles. Moi, personne ne venait me chercher. Mes parents ne vivaient pas au Pakistan et, pendant tous ces mois, ni ma tante ni sa famille n'ont jamais daigné venir me voir.

Je me fis une seule amie à l'école coranique. Aicha avait le même âge que moi, et venait d'un petit village à cent kilomètres au nord de Lahore. Elle avait connu une enfance difficile car ses parents étaient morts très tôt. À 5 ans, elle avait été recueillie par sa tante, qui la battait sans arrêt. Elle avait aussi souvent été abusée par son oncle, sans que sa tante intervienne. Pour Aicha, l'école coranique était un véritable paradis parce qu'elle y avait enfin trouvé la paix.

Elle avait été la seule à faire un effort pour me comprendre. Bien qu'elle ait été élevée aussi selon les préceptes coraniques et n'ait jamais quitté le Pakistan, elle n'était pas aussi conservatrice et bornée que les autres filles. Elle me posait de nombreuses questions sur l'Autriche et les gens, malgré la difficulté qu'elle éprouvait visiblement à comprendre tout ce que je lui racontais sur la vie là-bas.

Aicha a été pour moi une véritable bouée de sauvetage pendant cette période. Elle me consolait chaque fois que j'avais la nostalgie de l'Autriche la nuit, ou quand je me réveillais en pleurant. Elle me défendait aussi lorsque les autres filles me taquinaient, et restait près de moi quand je ne savais pas si j'allais survivre jusqu'au repas suivant. Depuis le premier jour, je supportais difficilement la nourriture qu'on nous servait.

Le repas du soir surtout, qui consistait généralement de *dal*, une soupe indéfinissable à base de lentilles rouges et de *roti*, le pain plat typique, ne me réussissait pas. Avant le repas, j'allais me laver les mains dans la salle de bains avec Aicha. Comme toujours, on faisait la queue pour accéder au lavabo, et nous devions donc attendre notre tour. Quand enfin je parvenais à la salle de bains, mon regard se posait toujours d'abord sur la pile de serviettes tachées de sang posée au bord du lavabo au milieu de la crasse et de la vermine. J'étais alors prise de nausées et me précipitais dans les toilettes, suivie de près par Aicha.

Je ne pouvais plus rien manger car j'étais écœurée avant chaque repas, devant en outre utiliser les toilettes qui étaient constamment inondées et puaient l'urine, les excréments et le vomi. À force de souffrir de cette épouvantable nausée depuis mon arrivée à l'école deux mois auparavant, je finis par refuser d'avaler le moindre morceau.

Mes souvenirs de cette période lugubre sont partiels et confus. La monotonie m'avait amenée au bout de mes limites physiques, mais elle s'était également incrustée dans mon cerveau, finissant par paralyser ma résistance. Ce lavage de cerveau faisait effet lentement – mais pas de la façon dont mes parents, ma tante et les enseignantes de l'école coranique l'avaient imaginé. Je ne m'étais pas transformée, comme ils l'espéraient, en une Pakistanaise convenable qui se réjouissait par avance de son mariage. Au lieu de cela, j'étais devenue complètement apathique ; apprendre ne m'intéressait même plus, alors que j'avais adoré cela autrefois.

Peu à peu, les surveillantes se sont aperçues que mes joues se creusaient, et que je devenais de plus en plus léthargique. Quand en plus j'ai attrapé des poux et suis restée clouée au lit avec des coliques et une diarrhée sévère, les surveillantes ont jugé qu'il était temps d'agir et elles ont contacté ma tante. Mon martyre était enfin terminé. Mais quand ma tante est venue me chercher, j'étais trop faible pour m'en réjouir.

5

Quand je suis revenue chez mon oncle et ma tante, j'avais changé. Les mois passés à l'école coranique m'avaient rendue plus taciturne.

Je n'avais pas changé d'avis en ce qui concernait mon mariage avec mon cousin Salman, mais les efforts de la directrice et du mollah pour me discipliner avaient porté leurs fruits. J'étais brisée, et pas seulement au sens physique : quand ma tante me parlait, je n'essayais même pas de lui répondre, je me contentais de l'écouter sans faire de commentaire. J'attachais mes cheveux de façon aussi stricte que je le faisais à l'école coranique, et portais une *salwar kameez* blanche, comme si je n'avais jamais rien porté d'autre, tandis que mes vêtements autrichiens restaient entassés quelque part dans un sac. La résistance dont j'avais fait preuve vis-à-vis de ma tante et de mes parents à peine trois mois auparavant, en portant des vêtements occidentaux, avait fait long feu. Je ne voulais pas particulièrement revenir à un mode de vie pakistanais, mais je ne voyais plus aucune raison pour me rebeller contre tout. Je ne voulais plus être battue ni entendre crier. J'ai donc essayé de me conformer de mon mieux à ce qu'on attendait de moi.

J'étais très amaigrie. Mes joues s'étaient creusées et j'avais les yeux cernés. Heureusement, grâce à la cuisine généreuse de ma tante, mon état s'est vite amélioré, et, à peine une semaine plus tard, j'avais déjà plus ou moins récupéré. Mais si j'avais cru que le chapitre de l'école coranique était clos, je me suis aperçue très vite que je me trompais. À peine avais-je récupéré physiquement, que ma tante est partie à la recherche d'une nouvelle école. Elle était persuadée que mon éducation religieuse était loin d'être achevée.

Nous avons trouvé une école wahhabite tout près de la maison. Ici aussi, l'accent était mis sur l'apprentissage des enseignements de Mahomet, mais cette école était beaucoup plus libérale que la première. Les vingt-cinq filles de ma classe étaient tout aussi pieuses, mais bien plus cordiales et ouvertes d'esprit que mes précédentes camarades de classe. Contrairement à l'autre école, nous avions le droit de parler et de nous réunir dans la cour durant les pauses. Pendant les cours eux-mêmes, des échanges avaient parfois lieu avec le mollah, chose impensable dans l'autre école coranique. Il nous arrivait même de rire pendant que nous étions agenouillées sur les tapis devant le banc en bois bas sur lequel était posé le Coran. Ici, il n'y avait pas de corrections physiques ni de surveillants avec des cannes. Personne n'était battu devant l'école tout entière pour avoir bu debout, et les conditions sanitaires étaient bien meilleures. Au bout de quelques jours, j'avais même fini par me sentir à l'aise car le plus grand avantage de cette école était de ne pas être une pension. Salman m'y conduisait chaque matin avant d'aller à son école, et venait me chercher chaque soir.

J'avais l'impression d'avoir enfin retrouvé une famille avec laquelle je pouvais parler, même si ce n'était pas mes parents, mais seulement ma tante et mes cousins. Je passais beaucoup de temps avec ma plus jeune cousine, Hina, et les enfants des voisins, et, bientôt, mes horribles souvenirs de la pension se sont estompés.

J'aurais évidemment préféré retourner en Autriche plutôt que de rester au Pakistan, mais comparé à ce que j'avais subi à l'école coranique, ma vie chez ma tante était tout à fait supportable. Je commençais même à bien m'entendre avec elle. Je priais cinq fois par jour, et lisais même parfois le Coran à la maison, non pas pour impressionner ma tante, mais parce que j'étais sincèrement intéressée par le Coran. Aujourd'hui, je suis encore une personne très religieuse – même si je ne crois pas au même Dieu qu'avant.

Malgré tout, je n'avais toujours pas la permission de sortir seule de la maison, et cela me perturbait beaucoup. Néanmoins, je n'ai rien fait pour me rebeller contre ces règles strictes. Je me souvenais trop bien de mon unique tentative trois mois auparavant, quand j'étais allée me promener dans le quartier avec ma cousine Hina, et que nous avions été assaillies par des passants. Je ne voulais pas recommencer.

Mon cousin Salman était chargé des achats de la maison. Je l'enviais quand je le voyais partir tous les deux ou trois jours sur son vélomoteur pour revenir chargé de provisions. Je vivais au Pakistan depuis plus de quatre mois, principalement à Lahore, mais en dehors de la maison, de l'école, et de la route entre les deux, je n'avais pratiquement rien vu.

« Emmène-moi faire les courses avec toi, juste une fois », ai-je supplié.

Mais Salman a refusé.

« J'ai besoin de choses.

– Dis-moi ce que tu veux et je te l'achèterai.

– J'ai besoin d'articles de toilette. Tu n'oserais pas acheter des serviettes hygiéniques.

– S'il le faut, je les achèterai. Mais en aucun cas, tu ne viendras avec moi. »

J'ai fait plusieurs tentatives, mais en vain. Il était inflexible, et rien ne pouvait l'attendrir, même les larmes.

Les jours s'écoulaient, et le 20 novembre est arrivé enfin – c'était mon dix-septième anniversaire. Quand j'étais encore en Autriche, je me réjouissais des semaines à l'avance. Je n'avais pas le droit d'avoir une fête d'anniversaire, mais je le fêtais à l'école avec mes amies et, généralement, je volais un peu de temps pour aller avec elles au café.

Cette fois, nous étions de nouveau le 20 novembre, et j'étais seule au Pakistan. Je n'avais pas eu de nouvelles de mes amies en Autriche depuis très longtemps, et ce jour-là, je n'ai reçu aucun appel et pas une seule carte postale car aucune n'avait mon adresse. Seuls mes parents m'ont passé un rapide coup de téléphone. Ils m'ont félicitée avec beaucoup de gentillesse, ce qui m'a donné le courage de demander à mon père quand il allait venir me chercher.

«Je ne sais pas. Un jour.»

Tout d'un coup, je me suis sentie triste, j'aurais voulu me recroqueviller dans un coin. Quand j'ai raccroché, Salman s'est approché.

«Bon anniversaire, a-t-il dit.

– Merci.

– Habille-toi. Pour fêter ça, nous allons en ville. Ça te plairait, non ? a-t-il demandé. Mais fais attention à bien te couvrir, et ne regarde personne en face pendant que nous sommes dehors.»

Ravie de cette occasion, j'ai couru dans la chambre des femmes pour enfiler ma plus belle *salwar kameez*.

Salman m'a emmenée à Defence, un quartier dont j'avais beaucoup entendu parler depuis mon arrivée au Pakistan. C'était soi-disant là que vivaient les gens riches et beaux de Lahore, autrement dit les politiques, les musiciens et les athlètes professionnels. Et on y trouvait, paraît-il, d'innombrables magasins et restaurants capables de rivaliser avec l'Occident.

Au bout d'une demi-heure environ, je remarquai que les rues étaient plus larges et mieux entretenues, et le quartier plus tranquille et plus propre. On ne voyait pas de sacs-poubelle par terre, et ça ne sentait pas aussi mauvais que dans d'autres quartiers que nous avions traversés.

Defence correspondait exactement à ce que j'avais imaginé. De grandes maisons comme en Occident, avec des restaurants et des bars partout. J'ai reconnu le nom de nombreuses entreprises internationales, et tous les gens portaient des vêtements occidentaux. Salman a garé le vélomoteur dans un petit square et nous sommes partis à pied.

« Dans quel café allons-nous ? lui ai-je demandé. Oh ! allons à celui-là, là-bas. Il a l'air bien. »

Le café « là-bas » se trouvait être la succursale locale de McDonald's.

« Nous n'allons nulle part.

– Mais pourquoi ?

– Parce que ce n'est pas convenable.

– D'accord, allons au moins nous promener alors.

– Non, nous ne pouvons pas non plus. »

Pourquoi ne pouvais-je pas me promener, alors que Salman était avec moi ?

« Ce n'est pas possible. Un ami à moi pourrait nous voir. Et ce serait un grand déshonneur parce que nous ne sommes pas encore mariés », a-t-il continué.

J'étais très déçue. Et furieuse. J'avais enfin réussi à persuader Salman de m'accompagner hors de la maison, et je me retrouvais une nouvelle fois contrainte de regarder la vie passer devant moi.

« Dans ce cas, autant rentrer à la maison », ai-je crié.
Ainsi s'est terminée notre petite virée.

À la maison, nous avions plus ou moins fini par trouver un accord. Quand je n'étais pas à l'école coranique, j'aidais ma tante, ou bien je jouais avec les enfants des voisins ou avec ma cousine Hina. Quand mes cousins étaient en classe, je restais avec ma tante. Nous ne parlions pas beaucoup mais, heureusement, elle me fichait la paix et ne me grondait plus. Et parfois, j'avais la chance d'avoir la maison pour moi toute seule. Ces jours-là, je grimpais sur le toit plat pour écouter de la musique avec mon walkman. Ce sont les meilleurs moments que j'ai passés au Pakistan. Je m'en souviens parfaitement – mais il faut bien reconnaître que je n'ai pas connu beaucoup de bons moments au Pakistan.

Un jour, j'étais de nouveau sur le toit en train de réfléchir, quand ma tante s'est précipitée dans la maison.

« Où étais-tu ? Que se passe-t-il ? » lui ai-je demandé en voyant son expression horrifiée.

Ma tante s'est assise, incapable de parler. Je lui ai apporté un verre d'eau qu'elle a bu d'un trait.

« Une jeune fille s'est donné la mort près de chez nous. Elle s'est pendue parce qu'elle avait été violée par un homme. »

Ma tante ne pleurait pas, mais je voyais bien que la mort de la jeune fille l'avait profondément affectée.

« On sait qui l'a violée ? Qu'est-il arrivé au criminel ? ai-je crié, tout émue.

– Il habite à deux rues d'ici. Je le connais.

– Et la police ne l'a pas encore arrêté ? »

J'étais soulagée de penser que, au moins, le coupable avait été identifié et qu'il serait puni.

« Non, comment auraient-ils pu ? C'est un homme, et la fille l'a provoqué. C'était de sa faute. »

Sur ce, ma tante a quitté la pièce.

Encore aujourd'hui, cet événement me remplit d'horreur. De nombreux livres ont été écrits sur le rôle des femmes dans le monde islamique : des livres qui visent à mieux faire comprendre la foi islamique aux Occidentaux, aussi bien que des diatribes haineuses contre une société qui demeure difficilement compréhensible en Occident. L'oppression dont sont victimes les femmes a fait l'objet d'innombrables récits horribles, mais pour comprendre ce phénomène, il faut vraiment avoir été une femme dans la même situation.

Quand ma tante m'a raconté l'histoire du viol de la fille et sa mort, j'ai commencé moi aussi à comprendre – bien mieux que lors de mon passage à l'école coranique. Une femme au Pakistan *n'a pas la moindre valeur.* Cela peut paraître radical, mais c'est exactement ce que j'ai ressenti alors, et c'est ce que je ressens encore aujourd'hui quand je me remémore mes souvenirs. J'ai compris qu'il fallait que je quitte ce pays à la première occasion. Mon avenir était en Autriche.

Je n'avais pas oublié mes problèmes avec mes parents. Mais à plus de dix mille kilomètres, on voit les choses différemment, et on a tendance à les embellir, ce que j'ai fait. En comparaison de la folie ambiante qui régnait au Pakistan, les corrections et les humiliations que j'avais subies de la part de mes parents me semblaient tout à coup nettement moins graves. Cela peut paraître absurde ou même inimaginable, mais mes parents me manquaient. Je voulais rentrer à la maison auprès de ma mère et de mon père. Je voulais rentrer, mais je n'avais pas la moindre idée de la façon dont je pourrais réaliser mon rêve. J'en ai parlé à plusieurs reprises à ma tante, sans obtenir autre chose que des réponses évasives. Depuis le jour de mon anniversaire, je n'avais eu aucune nouvelle de mes parents. Je ne savais pas ce que j'allais devenir.

À force de vivre sous le même toit que Salman, j'avais bien compris que je ne l'épouserais jamais. Pour un Pakistanais, il était gentil. Objectivement parlant, on pouvait même dire qu'il était beau : il avait au moins une tête de plus que moi, il était mince et en forme, avec d'épais cheveux noirs et des sourcils touffus qui lui donnaient un air mystérieux. Mais il était distant et dédaigneux – autrement dit, 100 % pakistanais. Conscient d'être la personne la plus importante de la maison, il savait qu'il pouvait obtenir tout ce qu'il voulait, et exerçait son pouvoir sur sa mère, sa sœur – et sur moi.

Il était amoureux de moi, cela ne faisait aucun doute. Je lui plaisais, et il ne doutait pas un instant que nous serions mariés un jour. Cette idée alimentait ses fantasmes, comme en témoignaient ses regards. Quand il pensait qu'on ne le voyait pas, il me regardait fixement avec une lueur d'impatience dans les yeux.

J'ignorais si Salman avait déjà eu une quelconque expérience avec les femmes. À 17 ans, cela aurait probablement été le cas s'il avait vécu en Autriche. Mais ici, au Pakistan ?

Depuis mon anniversaire, il essayait constamment de se retrouver seul avec moi – y compris le soir. Moi, en revanche, je faisais tout pour éviter ce genre de situation car je ne savais pas comment me conduire. Je ne voulais pas avoir le moindre rapport avec lui, c'est tout. Et je ne souhaitais pas mêler ma tante à cette affaire car je savais bien ce qu'elle dirait. Au Pakistan, les jeunes gens n'ont droit à aucun contact physique avant le mariage. Même les baisers sont interdits. Si quelque chose s'était passé entre Salman et moi, cela aurait été une honte pour toute la famille, et il ne fallait pas beaucoup d'imagination pour savoir qui ma tante aurait accusé.

J'avais dit tout ça à Salman, mais cela semblait lui être parfaitement égal. Aussi, j'essayais de l'éviter autant que possible. Mais un soir, environ deux semaines après mon anniversaire, ce que je craignais arriva.

Minuit était largement passé, et je dormais depuis un bon moment, lorsque j'ai senti quelque chose me toucher. C'était Salman, qui était entré furtivement. Je me suis redressée. Sur ma gauche, mes cousines Hina et Sana dormaient profondément. Et le ronflement régulier de ma tante montait du coin de la chambre où elle avait déroulé son matelas. Salman a posé son index sur ses lèvres et m'a fait signe de le suivre dehors.

La situation était délicate. D'un côté, je ne voulais pas sortir avec lui car j'imaginais facilement ce qui arriverait.

D'un autre côté, je ne voulais appeler au secours car j'étais inquiète des conséquences. Mais il refusait de partir, et j'ai fini par céder et suis sortie avec lui.

Nous avons regagné sa chambre en silence. Le bruit étouffé de la rue montait par la fenêtre ; sinon, tout était calme. Il faisait encore noir dans la maison, mais la lune éclairait la chambre, me permettant de voir Salman. Il était torse nu, avec un pantalon blanc.

Nous étions debout à côté de son lit. Il a tendu la main pour me caresser les cheveux. Puis il m'a caressé la joue et a passé lentement son index sur mes lèvres. Je me sentais affreusement mal, dégoûtée, nauséeuse. Puis Salman m'a attirée vers lui, a fermé les yeux, et s'est penché en avant. J'ai senti sa langue sur ma bouche, et j'ai serré les lèvres sans détourner la tête. Alors Salman a ouvert les yeux et m'a jeté un regard glacial.

Tout d'un coup, je me suis mise à le détester.

Lentement, il a commencé à défaire les rubans de ma chemise de nuit avant d'écarter le tissu pour regarder mes seins. Puis il s'est mis à les caresser et à les embrasser. J'en étais malade. J'aurais voulu m'enfuir, mais mes jambes étaient paralysées. Puis il a baissé son pantalon et s'est mis à se masturber. C'était l'expérience la plus humiliante de ma vie. J'étais au beau milieu du Pakistan, chez des parents, avec mon oncle qui dormait à ma droite, ma tante qui ronflait à ma gauche, et voilà que je me retrouvais là, debout, ma chemise de nuit défaite, dans la chambre de mon cousin, pendant qu'il gémissait en se masturbant.

J'aurais voulu m'en aller en courant, mettre fin à tout ça. J'avais envie de vomir, mais je ne pouvais pas. Je suis restée immobile à le regarder pendant qu'il fixait mes seins. Je le méprisais. Imperturbable, j'ai attendu qu'il en ait terminé avant de faire demi-tour et regagner mon lit sans un regard pour lui. Je ne pouvais même pas pleurer.

Le lendemain, je n'ai pas adressé la parole à Salman, mais cela n'a pas semblé particulièrement l'affecter. Il se comportait comme si rien ne s'était produit.

À partir de ce jour-là, il a recommencé presque toutes les nuits. Dès que les autres dormaient, Salman se glissait dans notre chambre pour venir me chercher. Comme tout cela me laissait visiblement indifférente, après quelques tentatives, il n'a plus essayé de m'embrasser. Je l'observais froidement pendant qu'il ouvrait ma blouse et j'attendais qu'il soit prêt. Puis j'essuyais les traces qu'il avait laissées sur mon corps et sortais de la chambre sans le regarder.

Mais je bouillais dans mon for intérieur. J'étais furieuse et triste à la fois, mais ne faisais rien pour l'en empêcher. J'étais dégoûtée. Dégoûtée au point de ne même plus pouvoir me regarder dans un miroir. Je détestais être une femme, j'avais mon corps en horreur.

Pendant la journée, je me comportais comme si tout était normal. J'avais peur, moins de Salman que de ma tante. Si je m'étais plainte de Salman, elle aurait dit que j'étais fautive et que je l'avais provoqué. N'est-ce pas ce qu'elle avait dit de la jeune fille violée ? Elle avait protégé un étranger, et rejeté la faute sur une jeune fille qu'elle ne connaissait même pas. Qu'en serait-il s'il s'agissait de son propre fils ?

Ma situation au sein de la famille n'était pas particulièrement favorable, ce que je savais déjà. Dans la hiérarchie familiale, venait d'abord Salman, le fils et héritier, puis son père qui n'avait pas son mot à dire mais qui ramenait l'argent à la maison – même si sa retraite de l'armée n'était pas particulièrement généreuse. Ensuite venaient ma tante et mes cousines, suivies en quelque sorte par moi. On ne faisait jamais état de cette hiérarchie ouvertement, mais elle jouait un rôle dans toutes les circonstances de la vie quotidienne – repas, couchage, ou lors des discussions de famille. Mon opinion ne comptait pas, et il n'y avait donc aucune raison pour que l'on m'écoute quand j'avais quelque chose à dire. C'était la même chose pour mes cousines.

Chez nos voisins, c'était encore pire. Ils battaient leurs enfants constamment, et on entendait tout le temps des cris venant de leur maison. Un soir, peu après 22 heures, les filles criaient tellement fort que je suis allée trouver ma tante.

« Qui est-ce ? Que se passe-t-il là-bas ? » ai-je demandé.

Ma tante a à peine levé les yeux de son travail.

« Ce sont les filles de Yasmin. Tu devrais t'habituer à leurs cris. Les filles sont souvent battues, tantôt par leur mère, tantôt par leur père. »

Pour ma tante, cela n'avait rien d'anormal.

Un jour vers midi, alors que j'étais assise dans le salon avec ma tante, j'ai entendu quelqu'un crier :

« Au nom d'Allah, aidez-moi ! »

Je suis sortie dans la rue avec ma tante, et nous avons vu une vieille femme couchée devant notre portail. Elle était aveugle, avec des vêtements raides de crasse. Elle semblait à bout de forces. Nous nous sommes approchées et, avec nos voisins, nous l'avons transportée à l'intérieur de la maison. Nous lui avons donné un verre d'eau, puis un *tchaï*.

Lorsqu'elle s'est sentie mieux, elle nous a raconté son histoire. C'était effectivement une mendiante. Elle avait été maltraitée par ses deux fils qui ne lui donnaient ni nourriture ni vêtements. J'étais triste pour elle. Nous lui avons donné une nouvelle *salwar kameez* et quelque chose à manger, puis l'avons raccompagnée à la porte.

« Qu'Allah te bénisse, m'a-t-elle dit en se dirigeant vers la rue avec son bâton.

– Tu n'es pas triste pour elle ? ai-je demandé à ma tante, qui ne m'avait pas semblé particulièrement émue par cet épisode.

– Non », s'est-elle contentée de me répondre.

Depuis la sortie ratée à Defence, le jour de mon anniversaire, je savais où et comment vivait l'élite pakistanaise. Elle vivait dans des beaux quartiers et dans de belles maisons, et disposait de tout ce dont disposaient les Occidentaux. Mais la majorité des Pakistanais sont pauvres. Pendant longtemps, je n'avais pas été consciente du nombre de personnes qui vivaient dans des taudis et dans des quartiers pauvres, et, jusqu'à cette date, je n'avais jamais vu de mendiant dans les rues de Lahore. Nous vivions dans un quartier ordinaire, et les mendiants savaient pertinemment qu'ils ne pouvaient pas compter sur la moindre aumône de la part de simples Pakistanais. Ils n'essayaient même pas de tenter leur chance dans notre quartier.

En revanche, les vendeurs ambulants pullulaient. De notre cour, nous les entendions toute la journée vanter leur marchandise. Ils vendaient de tout : fruits, légumes, pain plat, ustensiles de cuisine et bonbons. On les entendait de loin tirer leurs charrettes le long des rues – de grandes charrettes qui risquaient de s'effondrer sous le poids de leurs marchandises. Les premiers arrivaient à l'aube, et les derniers disparaissaient après le coucher du soleil. L'un d'eux m'intriguait particulièrement. Des semaines durant, j'avais entendu sa voix haut perchée, une voix presque enfantine, offrant du pop-corn pour deux roupies, soit environ trois centimes. Je mourais d'envie de savoir si le vendeur était vraiment un enfant, comme sa voix le laissait supposer.

Un soir, alors que j'étais assise dans la cour, je l'ai entendu de nouveau. Salman était allé voir un ami, mon oncle était à la mosquée, et les autres étaient au salon. J'avais dix roupies sur moi. Mais allais-je oser sortir dans la rue ? Si ma tante s'en apercevait, je risquais d'avoir encore des ennuis.

Je me suis faufilée par le portail et ai rabattu mon voile sur mon visage. J'ai regardé avec précaution à gauche et à droite pour voir s'il y avait des voisins dehors. Mais la rue était vide.

«J'ai le pop-corn le moins cher de tout Lahore, madame.»

C'était effectivement un petit garçon, et il avait l'air pitoyable. Il portait une *salwar kameez* en lambeaux, et n'avait même pas de chaussures.

«Quel âge as-tu ? lui ai-je demandé en m'approchant.

– Neuf ans, m'a-t-il répondu d'une voix claire et hardie.

– Il y a combien de temps que tu travailles ?

– Tous les jours, madame. Ma famille est très pauvre.»

Il m'a tendu un sac de pop-corn frais tout juste sorti de sa machine posée sur une lourde remorque.

«Comment avance cet engin ? lui ai-je demandé.

– Il n'avance pas tout seul. Je dois le tirer.»

Je lui ai donné mes dix roupies. Le garçon a voulu me rendre la monnaie, mais j'ai refusé.

« *Choukran*, a dit le garçon avec un grand sourire. Merci.»

Il n'arrivait pas à croire que je lui avais donné l'argent.

«J'espère que nous nous reverrons ! *Khuda aapko hamscha rakhe! Khuda Hafiz*. Que Dieu te rende heureuse pour toujours. Au revoir.»

Quand le garçon s'est éloigné en tirant sa remorque, j'ai remarqué qu'il boitait et qu'il était obligé de s'arrêter tous les dix mètres.

Dès lors, j'ai entendu sa voix tous les jours. Il venait de toute évidence dans l'espoir de recevoir à nouveau un pourboire généreux, mais étant constamment surveillée, je n'ai jamais réussi à sortir une nouvelle fois. J'étais désolée pour lui. J'ai donc réussi à persuader Salman d'aller m'acheter du pop-corn pour qu'il puisse au moins gagner ses deux roupies – même si, à l'époque, je détestais le pop-corn.

Nous étions à la mi-décembre, et j'avais déjà passé plus de cinq mois au Pakistan. Je n'avais pas souvent de nouvelles de mes parents ; quand ils appelaient, ils parlaient presque uniquement à ma tante. Je n'arrêtais pas de penser à la maison, et j'avais hâte d'y retourner, mais au moins, je ne pleurais plus toutes les nuits comme je l'avais fait quand ils m'avaient ramenée la première fois. Contrairement à toute attente, je m'étais plus ou moins adaptée, et je m'étais résignée à mon sort. L'école coranique wahhabite n'était pas du tout ce dont j'avais rêvé, mais l'un dans l'autre, je pouvais vivre avec.

J'étais toujours une musulmane pieuse et priais cinq fois par jour. Ce qui me permettait aussi de me sentir parfaitement à l'aise à l'école coranique où je pouvais penser tous les jours à ma foi. Contrairement aux autres filles dans ma classe, j'interrogeais souvent le mollah quand je ne comprenais pas quelque chose. Je voulais *savoir*. Je voulais comprendre les paroles de Mahomet, et j'avais l'impression que le mollah appréciait mon attitude.

« La fille d'Europe a-t-elle une question aujourd'hui ? » disait-il parfois pour plaisanter.

Et généralement, j'en avais une.

« Pourquoi presque toutes les sourates du Coran commencent-elles par un mot inconnu ? » lui demandais-je.

Ou bien :

« Pourquoi les femmes ne sont-elles pas les égales des hommes ? »

Le mollah m'expliquait – ou plutôt, il essayait d'expliquer.

« C'est écrit dans la sourate al-Nisa 4.34, fille. Les hommes sont placés au-dessus des femmes parce que Allah en a fait certains pour surpasser d'autres et parce qu'ils dépensent de leurs biens. "Quant à ces femmes de la part desquelles vous redoutez un manque de loyauté ou une mauvaise conduite, réprimandez-les, refusez de partager leur lit, et battez-les." »

Et c'était supposé être les propos du Prophète ? Cela me semblait difficile à croire mais, pour l'instant, je préférais ne plus y penser. Allah voulait qu'il en soit ainsi, je ne devais donc pas le remettre en cause. Peut-être que nous autres femmes finirions par être honorées au paradis...

Au fond de moi, je n'avais pas changé, mais au moins j'avais renoncé à afficher ma résistance. J'étais heureuse dans la nouvelle école, et ma lecture quotidienne du Coran avait apparemment produit son effet. J'étais fière d'être musulmane et trouvais ma religion bien supérieure aux autres. Mais ce n'était que l'aspect religieux : je refusais toujours de devenir une ménagère pakistanaise. Il devait bien y avoir un moyen de vivre selon des valeurs occidentales tout en restant une musulmane pieuse. Compte tenu de mon expérience, je vois les choses différemment maintenant, mais, à l'époque, je m'accrochais de toutes mes forces à cet espoir. Et j'étais également persuadée que, tôt ou tard, je retournerais en Autriche.

Ce que j'avais de mieux à faire, me semblait-il, était de ne faire aucune vague, et je faisais tout pour ne pas entrer en conflit avec ma tante. Je me comportais comme mes cousines, que j'appelais maintenant « sœurs », je portais des vêtements blancs et attachais correctement mes cheveux – je jouais à être une bonne Pakistanaise. Peut-être cette attitude accélérerait-elle mon retour ; en tout cas, cela me semblait le meilleur moyen pour atteindre mon objectif.

Ma tante aussi avait remarqué ma transformation. À la différence des premiers temps, elle ne trouvait plus constamment de sujets d'agacement et, lorsque nous étions dans la rue, elle ne me réprimandait plus pour mon comportement ou mon habillement.

« Je suis fière de toi, me disait-elle même parfois. Tu deviens vraiment une Pakistanaise.

– Mais c'est ce que je suis déjà », lui répondais-je chaque fois avec un sourire.

Plusieurs semaines se sont écoulées, puis mon grand-père est arrivé de Dhedar. Il a dit qu'il avait des réunions à Lahore, mais je savais qu'il voulait seulement se rendre compte de mon évolution. Je me suis comportée de manière aussi soumise que possible, n'ai posé aucune question, et n'ai parlé que lorsqu'on m'adressait la parole. Quand il est reparti le lendemain, j'avais l'impression d'avoir réussi l'examen.

Quand ma tante était présente, j'essayais d'être particulièrement amicale avec mon cousin Salman. Je bavardais avec lui, et lui apportais de l'eau ou un *tchaï*, sans attendre qu'on me le demande. Personne n'aurait pu deviner qu'il me faisait venir presque chaque nuit dans sa chambre. Et, comme je l'avais prévu, ma tante se réjouissait de mon changement d'attitude envers Salman.

« Es-tu prête à l'épouser maintenant ? m'a-t-elle demandé un jour.

– Oui », ai-je répondu, en baissant les yeux comme il convient de le faire au Pakistan.

Quelques jours avant Noël, ma mère a téléphoné à ma tante. Elle lui a parlé un long moment avant que ma tante ne me passe le récepteur.

« Il paraît que tu as changé », m'a dit ma mère.

Elle avait une voix particulièrement gentille.

« Oui, ai-je répondu. Je fais des efforts.

– Un ange va venir pour toi dans quelques jours », a-t-elle poursuivi.

Je ne comprenais pas très bien de quoi elle parlait. Dans quelques jours, ce serait Noël, mais cela ne signifiait rien pour ma mère, donc elle ne pouvait pas m'annoncer de cadeau. Mon grand-père et mes cousins viendraient-ils nous voir ? Allais-je recevoir du courrier d'Autriche ?

De la part de mes parents ou de mes camarades d'école ? Malgré mon excitation, j'essayais de ne pas trop manifester ma joie. Les bonnes Pakistanaises n'affichent pas leur joie.

« Qu'Allah fasse selon sa volonté », ai-je dit humblement.

Les jours suivants, j'étais tellement excitée que j'avais du mal à dormir la nuit, mais je ne pouvais pas me permettre de laisser échapper quoi que ce soit. Bien sûr, j'espérais secrètement que mes parents allaient venir me chercher, mais je m'interdisais de trop y penser. Peut-être viendraient-ils seulement nous voir, et repartiraient sans moi. Je n'aurais certainement pas la force de les accompagner une deuxième fois à l'aéroport pour revenir ensuite auprès de Salman.

L'événement s'est produit deux jours avant Noël.

« Aujourd'hui, tu vas recevoir une visite, m'a annoncé ma tante ce matin-là.

– Qui va venir ? ai-je demandé.

– Tu verras en temps et en heure. »

Étaient-ce vraiment mes parents ? Je ne pouvais pas le croire. Mais quand mon oncle a emprunté la voiture du voisin et est parti avec Salman, je n'ai pas pu m'empêcher d'espérer. Peu après midi, j'ai entendu la voiture sur le chemin. Je suis sortie en courant de la chambre, ai ouvert le portail en grand et me suis jetée dans ses bras. C'était mon père. Je ne voulais plus le lâcher. Il était venu, et ne m'abandonnerait pas ici toute seule une nouvelle fois.

« Je suis tellement contente de te voir, lui ai-je dit.

– Moi aussi. »

Il a reculé d'un pas et m'a regardée.

« Je vois *nur* dans ton visage », a-t-il dit et il s'est mis à rire.

« *Nur* » est l'expression pakistanaise qui signifie « calme et équilibre intérieur ».

Nous sommes entrés dans la maison, et ma tante a dit à mon père à quel point j'avais changé. Que je priais, que j'étais heureuse d'aller à l'école coranique, et que je l'aidais dans la maison. Mon père semblait très fier de moi, et heureux. Je l'étais encore plus. Désormais, tout irait bien, ai-je pensé.

« Te sens-tu prête à épouser Salman maintenant ? m'a-t-il demandé d'un air sérieux.

– Si c'est ce que tu désires, je le veux bien », lui ai-je répondu.

Il m'a serrée dans ses bras, et le visage de ma tante s'est éclairé d'un grand sourire.

Il fallait que tout se passe très vite ensuite, car mon père avait très peu de temps. Son vol de retour était réservé pour le 1er janvier – et cette fois, il avait également un billet pour moi.

Il ne restait pas assez de temps pour un vrai mariage car notre famille de Dhedar ainsi que ma mère, mes frères et ma sœur en Autriche ne pouvaient pas faire le voyage aussi rapidement. Mon père et ma tante ont donc décidé que, pour le moment, Salman et moi devions au moins nous fiancer. Je retournerais ensuite en Autriche avec mon père pour terminer mes études. Nous pourrions nous marier dans quelques années. J'étais heureuse comme jamais. Mon épreuve allait bientôt prendre fin pour de bon.

Les jours suivants, quelques membres de la famille sont arrivés : une de mes tantes, un oncle, trois cousins de Dhedar, et, bien entendu, mon grand-père, le muezzin, qui célébrerait la cérémonie de fiançailles.

Le 31 décembre était le jour choisi. Ce matin-là, ma tante et mes cousines m'ont aidée à m'habiller. Je portais une *salwar kameez* rouge que ma tante avait confectionnée spécialement pour l'occasion, et des chaussures noires. Ensuite, nous nous sommes rendues en voiture jusqu'à un salon de beauté ; l'endroit était minuscule, si bien qu'une fois ma tante, mes deux cousines et moi à l'intérieur, il n'y avait plus de place pour personne d'autre. Je me suis assise et l'esthéticienne a commencé à me maquiller. Elle s'est efforcée de faire de moi une beauté pakistanaise, ce qui voulait dire que... j'étais affreuse. Elle m'a saupoudrée avec des tonnes de poudre pour que ma peau paraisse plus claire, ce que les Pakistanais apprécient particulièrement. Puis elle a souligné mes yeux avec un eye-liner noir, et a couvert ma bouche de rouge à lèvres rose. À la fin, j'avais l'air aussi naturelle qu'une poupée de foire.

« Parfait », a dit ma tante avec un grand sourire de contentement, alors que je mourais d'envie de me précipiter dans les toilettes pour me laver le visage.

À la maison, des voisins étaient arrivés en même temps que les membres de la famille. Les femmes du quartier avaient préparé tellement de mets que les tables croulaient sous une avalanche de délicieux plats pakistanais : d'énormes marmites de riz basmati, et des quantités de poulet avec une sauce au curry que ma tante préparait les jours de fête. Le *paratha*, une espèce de pain plat réservé aux grandes occasions, était posé sur une autre table. Et, comme dessert, il y avait du riz sucré et du *barfis*, l'entremets pakistanais à base de lait.

Rassemblées autour de moi, mes cousines n'arrêtaient pas de me demander comment je me sentais.

« Formidable, je suis tellement heureuse », répondais-je poliment.

Peu après midi, j'ai été appelée au salon. Exactement comme six mois auparavant, lorsque j'avais refusé d'épouser Salman, le conseil de famille était de nouveau réuni sur le sofa : mon père, oncle Jasin, oncle Asghar, le père de ma mère, avec, bien sûr, mon grand-père paternel au centre. Quand je suis entrée dans la pièce, ils se sont tous levés. Salman n'était pas là.

Mon grand-père a commencé à réciter quelques versets du Coran, dont je n'ai pas compris le moindre mot. Le tout n'a duré que quelques minutes, après quoi on m'a permis de quitter la pièce. Je n'avais rien dit, rien signé, rien fait. C'était ça mes fiançailles ?

Ce devait l'être en tout cas, car Salman a été convoqué après moi, et soumis au même rituel. À la fin, mon grand-père est sorti et a dit :

« À présent, vous êtes fiancés. »

Quand je regarde en arrière, toute cette affaire n'avait rien de particulièrement excitant. Évidemment, il s'agissait seulement de fiançailles et non pas d'un mariage : là, il y aurait eu de la musique, la mariée aurait été amenée à son mari en voiture, et les festivités auraient duré deux jours. Je savais que les fiançailles étaient beaucoup moins spectaculaires – mais aussi simples que ça ? Pas d'échange de vœux, comme je l'avais vu à la télévision, pas d'anneaux, pas de présentation des fiancés devant les invités. Obtenir un passeport en Autriche m'avait pris plus de temps que de me fiancer à Lahore. Tout cela me paraissait étrange. En même temps, j'étais secrètement ravie car, pour moi, cette cérémonie était une simple formalité destinée à calmer la famille, et permettre à mon père de me ramener en Autriche avec lui sans perdre la face.

Les voisins et la famille ont commencé à manger et ils ont passé le reste de l'après-midi à bavarder. Je suis restée la plupart du temps avec mes cousines et les enfants des voisins dans le salon. De temps en temps, Salman, vêtu d'un costume de fête, passait le nez à la porte, tout sourire. Il profitait évidemment de toutes les occasions pour rester seul avec moi, alors que je faisais tout pour l'éviter.

Le dernier problème qui se posait à moi avant mon départ était la façon dont se déroulerait la nuit. Une fois fiancés, Salman et moi aurions pu coucher ensemble. Au vu des événements des dernières semaines, j'étais certaine que Salman allait essayer d'avancer ses pions. Ce soir-là, il est passé devant moi dans le vestibule

« Cette nuit, je viendrai te chercher et tu dormiras avec moi, m'a-t-il annoncé.

– Si cela est ton souhait », ai-je répondu.

Mais à l'heure du coucher, mes cousines de Dhedar sont venues bien involontairement à ma rescousse.

« Nous dormons avec Sabatina cette nuit, parce qu'elle s'en va demain », ont-elles déclaré, et j'en ai donc profité pour aller avec elles dans la chambre des femmes.

Salman n'a pas dû oser pénétrer dans la chambre des femmes en raison du grand nombre d'invitées, et la nuit s'est déroulée sans incident. J'étais trop excitée pour dormir. J'allais rentrer en Autriche et revoir toutes mes amies. Demain, je serais à l'aéroport, et rien ne pourrait plus m'arriver. Je pouvais enfin croire que mon cauchemar pakistanais touchait à sa fin.

Le lendemain matin, nous sommes vraiment partis : après m'avoir laissé passer plus de six mois seule au Pakistan, mon père me ramenait en Autriche. J'étais impatiente d'arriver à Linz. Et j'étais tout aussi impatiente de quitter enfin Salman, ma tante et la maison de Lahore. Salman et mon oncle nous ont conduits à l'aéroport. Nous n'avions pas beaucoup de temps. J'ai enregistré mon sac de sport vert, nous allions ensuite passer au contrôle des passeports. J'ai serré mon oncle dans mes bras, et Salman a surgi alors devant moi. Il m'a regardée de la tête aux pieds sans faire le moindre geste pour m'enlacer.

« Tu as toujours fait semblant, n'est-ce pas, Sabatina ? » a-t-il dit, comme si les mots lui écorchaient la bouche.

J'ai fait demi-tour sans répondre, et j'ai disparu dans la file de contrôle des passeports.

6

Nous avons atterri à Schwechat, l'aéroport de Vienne, le 2 janvier 2000 vers midi. Malgré un voyage de plus d'une journée avec escale à Dubai et à Londres, je n'étais pas du tout fatiguée. Le Pakistan était loin. J'allais bientôt revoir mes amies. J'étais chez moi.

Pendant tout le vol, j'étais restée assise à côté de mon père sans savoir quelle attitude adopter. D'un côté, c'était bien lui qui m'avait fait vivre six mois d'enfer au Pakistan. C'était lui qui m'avait laissée à la garde de notre famille, qui s'était arrangé pour que j'aille dans une école coranique et m'avait contrainte d'épouser mon cousin contre mon gré. D'un autre côté, il venait de me libérer de cet enfer. Fallait-il le haïr, ou l'aimer parce qu'il m'avait délivrée ?

Il était évident que lui aussi était en plein dilemme. Ses petits regards furtifs et pleins d'affection trahissaient son bonheur de m'avoir retrouvée, et chaque fois que je voulais lui parler de Lahore et de l'école coranique, il changeait de sujet. Peut-être se sentait-il vaguement coupable ? En même temps, il semblait mal à l'aise de voir l'adolescente rebelle, qui contestait en permanence ses valeurs et risquait de compromettre son honneur, devenue une Pakistanaise apparemment tout à fait convenable capable de se conduire normalement. Peut-être était-ce une illusion ?

Ma transformation miraculeuse n'était évidemment que partiellement réelle, et ses craintes non dépourvues de tout fondement. Même si mon passage par l'école coranique m'avait rendue plus mûre et réfléchie, j'étais fermement convaincue que jamais je n'épouserais Salman, et que j'allais au-devant de graves problèmes avec ma famille étant maintenant officiellement fiancée à Salman. Certes les fiançailles m'avaient permis de gagner du temps et de quitter le Pakistan, mais l'épreuve était loin d'être terminée. À un moment, ma famille insisterait pour que nos fiançailles se transforment en mariage.

J'ai revu ma mère pour la première fois dans le hall des arrivées de l'aéroport de Vienne. Elle était venue nous chercher de Linz avec une amie indienne et son mari. Même si je n'avais rien oublié de nos rapports au cours des deux années précédentes, j'étais malgré tout heureuse et soulagée de la retrouver enfin. Après que je l'ai embrassée, elle me repoussa et m'examina d'un œil critique. Apparemment, elle était satisfaite de ce qu'elle voyait.

Nous avons alors regagné Linz, où rien ne semblait avoir changé – notre maison, le marchand de voitures d'occasion à côté. Le salon de coiffure de Sylvia au coin. Dans la boutique de photo au rez-de-chaussée de notre immeuble, les mêmes portraits ornaient la vitrine, et la VW Passat argent de notre voisin était toujours garée à son emplacement habituel, juste à côté de la vieille Mercedes rouge à peine plus jeune que son propriétaire. J'avais l'impression d'être partie une éternité, alors que six mois à peine s'étaient écoulés.

Quand nous sommes sortis de l'ascenseur au septième étage, la porte de l'appartement s'est ouverte et mes frères et ma sœur sont sortis. Mes frères se sont conduits comme à l'accoutumée, autrement dit, ils n'ont rien manifesté, comme si mon retour leur était parfaitement égal. Mais je voyais bien qu'ils étaient très heureux. Ma sœur, en revanche, avait énormément changé. Lors de notre séparation à l'aéroport de Lahore, elle avait pleuré à chaudes larmes et s'était tellement cramponnée à moi que ma mère avait dû l'emmener de force, alors que, maintenant, elle se contentait de rester à la porte sans exprimer la moindre émotion.

« Salut », dit-elle simplement avant de disparaître dans notre chambre.

Une fois dans la cuisine, j'eus enfin l'occasion de raconter en détail mon séjour au Pakistan. À la différence de mon père, ma mère voulait connaître le moindre détail. Elle m'écouta patiemment lui raconter les écoles coraniques, mes cousins, ma tante et Salman. Et elle me posait des questions lorsqu'elle avait le sentiment que j'omettais quelque chose – ce qui était vrai. Je voulais surtout lui cacher la façon dont j'avais été humiliée par Salman de peur qu'elle ne doute de ma transformation.

Mais apparemment, mon récit se révéla suffisamment convaincant.

« Tu as *nur* sur le visage », dit-elle en souriant quand j'eus terminé.

C'était exactement ce que m'avait dit mon père quelques jours plus tôt à Lahore. Elle était persuadée que cela avait été salutaire pour moi de passer six mois au Pakistan, « à recevoir une éducation », selon ses propres termes.

Les jours suivants, je n'ai pas quitté l'appartement. Je préférais même m'abstenir de descendre dire bonjour à Célestine. Au lieu de cela, je suis restée tout le temps près de ma mère. J'avais beau mourir d'envie de savoir comment allaient mes amis, je voulais lui donner l'impression que j'avais changé. Je rangeais, je repassais, je faisais la cuisine sans même écouter de la musique, comme autrefois pendant des heures. Cela me coûtait beaucoup car tous mes CD préférés et mes cassettes étaient dans ma chambre.

Et surtout, je me suis mise à prier sérieusement. C'était une conséquence évidente de l'école coranique : déjà pieuse auparavant, j'étais devenue une musulmane encore plus convaincue. L'islam était la seule vraie religion et je devais être fière d'être musulmane. Je récitais les cinq prières exigées d'un musulman pratiquant et lisais plusieurs sourates par jour, comme j'avais appris à le faire au Pakistan. Aujourd'hui, je me rends bien compte que je ne le faisais probablement pas par conviction, mais par une sorte d'autoprotection. Aussi étrange que cela puisse paraître, le Coran comptait énormément pour moi à l'époque. Plus ma situation familiale devenait opprimante, plus le Coran prenait de l'importance. Le fait de lire les sourates et de réfléchir aux paroles du Prophète me distrayait et me donnait le sentiment qu'il y avait au moins une constante dans ma vie, même si tout s'écroulait autour de moi. C'est le cas de beaucoup de gens qui découvrent leur foi dans des situations de crise et s'aperçoivent que cela les empêche de sombrer. Mais il y avait pourtant une différence fondamentale : les gens qui découvrent leur foi le font généralement pour trouver des solutions à leurs problèmes et des réponses à leurs questions. Mais je n'en étais pas encore à ce point. Je n'attendais pas de réponses. Je cherchais seulement un ancrage, quelque chose à quoi m'accrocher. Cela me suffisait pour le moment.

Une semaine plus tard, les vacances de ma sœur et de mes frères étaient terminées. Étant donné que je voulais retourner à l'école, mon père téléphona au principal le jour de la rentrée en lui demandant si je pouvais réintégrer mon ancienne classe. Mais ce n'était pas aussi simple. Noël était passé et le semestre largement entamé. Le principal a donc suggéré que j'intègre la sixième année du « gymnasium », mais comme j'avais déjà perdu deux ans à cause de notre déménagement en Autriche et redoublé une année, cette solution était inenvisageable.

« Dans ce cas, va travailler », suggéra ma mère.

Mais ce n'était pas la solution non plus : comment être certaine que je ne serais pas renvoyée au Pakistan pour épouser Salman si je n'allais pas en classe ?

« Père, quand nous étions au Pakistan, tu m'avais promis que je pourrais retourner en classe. J'ai fait tout ce que tu voulais. Je me suis même fiancée avec Salman. Je t'en prie, laisse-moi finir l'école. »

Il a accepté et s'est mis à chercher une école pour moi. Une semaine après, je commençais les cours du soir au Spittelweise « Gymnasium » dans le centre de Linz. Les cours avaient lieu chaque soir de 18 à 22 heures, ce qui ne plaisait évidemment pas à mes parents au début, car cela me faisait rentrer tard à la maison.

Mais quand j'ai rappelé à mon père qu'il avait toujours voulu que je reçoive une éducation convenable, il a fini par accepter. Peut-être mes parents étaient-ils plus rassurés maintenant de me savoir fiancée à Salman, d'autant que je semblais prendre cet engagement au sérieux. Ils étaient convaincus que jamais je ne fréquenterais un autre garçon.

J'aimais beaucoup les cours du soir. Bien qu'un peu rouillée par le séjour au Pakistan, je me suis vite adaptée aux cours, les professeurs étaient gentils, et je m'entendais bien avec les autres étudiants, dont la plupart étaient considérablement plus âgés que moi et travaillaient déjà.

J'étais heureuse d'avoir enfin retrouvé Linz. Pour éviter tout nouveau problème avec mes parents, je n'avais pas repris contact avec mes anciens camarades, mais il n'a pas fallu pas longtemps pour que, devant l'endroit où se tenaient les cours du soir, je tombe par hasard sur Christian, un des garçons de mon ancienne bande.

« Sabatina ! Qu'est-ce que tu fais ici ? Et pourquoi es-tu habillée comme ça ? cria-t-il en me voyant sortir de l'école, avec ma *salwar kameez*.

– J'étais au Pakistan, mais c'est une longue histoire. Je pourrais d'ailleurs te poser la même question. »

À l'époque de notre dernière rencontre, neuf mois auparavant, Christian était le parfait skateur qui portait des tee-shirts blancs, des baskets, une casquette de base-ball et un pantalon baggy dont l'entrejambe lui tombait pratiquement au genou. Sa coupe en brosse passait quotidiennement par toutes les couleurs de l'arc-en-ciel, et on entendait le martèlement des basses de son walkman à dix mètres à la ronde. À présent, Christian portait un jean impeccable, et une veste probablement commandée par correspondance. Ses cheveux, toujours courts, étaient maintenant parfaitement coiffés, et il avait des lunettes. J'avais failli ne pas le reconnaître.

« On dirait que tu as beaucoup plus changé que moi, dis-je.

– Oui, peut-être, répondit-il. Il s'est passé beaucoup de choses depuis la dernière fois que nous nous sommes vus. J'ai rencontré Jésus et je suis devenu chrétien. »

Quel cinglé, pensai-je, tout en étant bien forcée de reconnaître qu'il était superbe. Comme lui, je devais regagner ma classe, aussi nous avons convenu de nous retrouver dans un café le lendemain.

Quand je suis arrivée à l'heure dite au café Segafredo dans la galerie marchande de Linz, Christian était déjà là, assis dans le coin le plus éloigné. C'était vraiment incroyable de voir à quel point il avait changé. Sérieux. Bien élevé. L'air toujours aussi gentil.

Nous ne nous étions pas vus pendant longtemps, mais nous avons recommencé à discuter comme si nous nous étions quittés la veille. Nous avons évoqué le bon vieux temps et les gens avec qui nous avions été en classe, avant qu'il ne m'interroge sur la « longue histoire ». Mais n'étant pas prête à tout lui raconter sur mes six mois passés au Pakistan, j'ai rapidement changé de sujet et lui ai demandé comment il avait pu changer à ce point. À l'école, Christian était considéré comme un de ces gosses « sans avenir » typiques. Il vivait au jour le jour sans avoir la moindre idée de ce qu'il voulait faire de sa vie. À 16 ans, il fumait, il consommait de l'alcool régulièrement, et avait touché à la plupart des drogues. Quelques mois auparavant, sous l'emprise d'un mélange exotique d'alcool et de drogue, il était rentré chez lui et avait sombré dans une sorte de délire. Et c'était alors, proclamait Christian, que Jésus lui était apparu.

« Cela paraît complètement idiot », lui ai-je dit avant de me mettre à rire.

Mais Christian ne voulait pas en rester là. Il prétendait que cela lui était arrivé très souvent après cette nuit-là, qu'il ait ou non été sous l'emprise de l'alcool, avec ou sans drogues, et, à un moment, disait-il, il avait complètement cessé de boire ou de se droguer de façon à pouvoir réfléchir sur lui-même et sur l'existence. Finalement, Christian était allé trouver ses voisins, une famille de pasteurs engagée dans une des Églises libres, et avait parlé au pasteur de ses visions.

«Jésus existe, avait répondu le pasteur. C'est un Dieu vivant et il ne cesse de nous parler.»

Quand Christian était sur le point de partir, le pasteur lui avait donné une Bible.

«Et maintenant, je la lis tous les jours, expliqua Christian. Cela m'apaise.»

Quand il a eu fini de parler, je l'ai regardé avec méfiance. L'histoire était trop belle pour être vraie. Grâce à mes lectures attentives du Coran, j'avais le sentiment d'être au fait des questions de religion, et même si la chrétienté avait été brièvement abordée à l'école coranique et rejetée comme étant un pur produit de la confusion des esprits occidentaux, son histoire me semblait plus que douteuse. Je ne parvenais pas à croire à ces sortes de révélations que Christian avait éprouvées. Pour moi, ce n'était que du charabia. Pourquoi un Dieu – que ce soit Allah, le Dieu chrétien, ou le Dieu juif – donnerait-il un signe aux gens sur la Terre ? On m'avait enseigné qu'il fallait vivre dans la crainte de Dieu de façon à être récompensé en allant au paradis après la mort. Le mollah m'avait enseigné, comme il était écrit dans le Coran, que le but de la vie est d'atteindre le ciel. Ma foi ne comprenait pas de visions de Dieu ou de révélations spirituelles susceptibles d'influencer mes actions terrestres. Et pourquoi le devrait-elle d'ailleurs ?

Mais à part ces histoires un peu folles, Christian était gentil, et j'ai commencé à le voir presque tous les jours. Nous fréquentions un café juste devant l'école, nous nous retrouvions entre les classes dans le couloir, et allions même parfois nous promener après les cours sur les bords du Danube – mais seulement lorsque le dernier cours était annulé car j'avais promis à mes parents d'être rentrée à la maison une demi-heure au plus tard après la fin des cours et je tenais ma promesse.

J'aimais bien Christian ; je l'aimais même beaucoup en fait. C'était quelqu'un qui profitait de la vie, quelqu'un de gentil et bon, mais néanmoins sûr de lui. Il était également serviable, complètement différent en cela des hommes pakistanais, et particulièrement de mon fiancé Salman. J'appréciais tout autant les promenades avec lui que ces moments où nous restions sans parler, assis au bord du Danube ou sur la grande place de Linz. Dans ces moments-là, je respirais profondément, je regardais les gens, et j'écoutais le grincement du tram quand il s'arrêtait. Tout cela représentait la liberté pour moi, et c'était tellement différent du Pakistan où, quelques semaines seulement auparavant, j'étais retenue prisonnière chez des membres de ma famille.

Nous parlions de tout et de rien – des cours du soir, de nos parents, et d'amis de l'école – à deux exceptions près : la conversion de Christian au christianisme, et mon séjour au Pakistan. Christian avait beau savoir que j'étais restée là-bas six mois, il en ignorait complètement la raison.

Cela peut paraître étrange étant donné que Christian était non seulement mon meilleur ami mais le seul ami que j'avais à l'époque, et que l'engagement avec Salman était mon problème majeur. Je craignais sa réaction si je lui racontais tout. Au fond, je devais savoir que Christian allait me proposer une solution que je refusais encore d'envisager pour l'instant car trop dangereuse et susceptible de me créer des problèmes – une solution à laquelle je n'osais même pas penser.

De son côté aussi, Christian ne faisait pas le moindre effort sérieux pour me convertir. Il acceptait mon attitude négative et quand je le lui demandais, il arrêtait aussitôt de me parler de son éveil. Mais plus je passais de temps avec lui, plus je pensais à lui sérieusement. Il avait changé. Il était devenu meilleur. Il était respectueux et serviable, des qualités dont l'ancien Christian était totalement dépourvu. Mais était-ce vraiment sa foi qui en était la cause ?

Sans en être vraiment consciente à l'époque, je commençais à m'intéresser au christianisme. Comment une religion pouvait-elle se préoccuper à la fois de l'au-delà et de notre vie ici-bas ? Cette question était au centre de mes préoccupations.

Étaient-ce les prémices d'un conflit de foi ? Certainement pas. Même si je n'accordais plus à mes prières et à la lecture du Coran le même sérieux qu'après mon retour à Linz, j'étais toujours fermement convaincue que l'islam était la seule vraie religion. Mais je ne peux pas le nier, je commençais à être fascinée par le christianisme

– surtout depuis que mes problèmes à la maison avaient recommencé.

Mes parents voulaient que je m'occupe d'obtenir un visa pour Salman afin qu'il puisse venir me voir. La perspective de partager ma vie à Linz avec Salman me terrorisait. Malgré la résistance que je leur opposais, mes parents ne renonçaient pas. Ils n'arrêtaient pas de me dire que Salman avait téléphoné pour moi ; il avait le droit de me voir, je devais donc demander un visa pour lui. Espérant qu'ils se lasseraient, je faisais traîner les choses, trouvant sans arrêt de nouveaux prétextes.

Mais ce fut exactement le contraire qui arriva. Six mois après mon retour, les représailles de mes parents avaient recommencé de plus belle. Ils surveillaient mes allées et venues, poussant des hurlements terrifiants si je rentrais avec seulement une demi-heure de retard. Comme je ne leur avais pas parlé de Christian, de crainte qu'ils m'interdisent de le voir, ils pensaient que j'avais recommencé à fréquenter mes copines autrichiennes.

Je commençai à travailler dans le centre d'appel d'un institut de sondages. Les cours étant à 18 heures, mes parents avaient trouvé que ce serait une bonne idée que je gagne un peu d'argent. Pour moi, le travail représentait une occasion idéale pour continuer à voir Christian, mes parents ne connaissant pas mes horaires de travail.

Pourtant, la situation empirait de jour en jour. Comme elle l'avait fait un an auparavant, ma mère m'espionnait depuis la fenêtre de la cuisine quand je descendais du tram, elle vérifiait constamment la façon dont j'étais habillée, et se plaignait de ma coiffure. Et il était sans arrêt question de Salman. Sans aller jusqu'à menacer de me frapper, ils me faisaient bien comprendre que je devais tout mettre en œuvre pour que Salman puisse venir en Autriche.

« Tu es redevenue comme avant, disait ma mère quand je lui résistais. Si tu ne le fais pas venir bientôt, nous l'inviterons nous-mêmes – mais, dans ce cas, tu ne seras plus notre fille. »

J'avais toujours su que ce moment arriverait un jour, mais je croyais qu'ils m'auraient laissé finir mes études avant que cette affaire avec Salman ne prenne un tour sérieux. La pression qu'ils mettaient sur moi ne cessait d'augmenter, mais quand je leur demandais pourquoi tout devait aller si vite, ils ne répondaient pas.

Comme au Pakistan, je me recentrais sur ma base – le Coran. Les nombreuses prières et la lecture des sourates avaient contribué à m'apaiser au Pakistan, mais ces derniers temps, cela ne servait à rien. Rien ne changeait, absolument rien.

Un jour au plus fort de l'été, il arriva ce qui devait arriver : j'ai ouvert mon cœur à Christian au cours d'une de nos promenades. Je ne lui ai rien caché : mes problèmes avec mes parents, notre voyage au Pakistan, les deux écoles coraniques, mes fiançailles avec Salman, et la demande incessante de mes parents pour que je lui obtienne un visa.

« Tu dois prier, et Dieu te viendra en aide, a dit Christian à la fin.

– Je prie cinq fois par jour, mais rien ne se passe, ai-je répondu.

– As-tu jamais pensé que tu te trompais peut-être de Dieu ? » m'a demandé Christian.

En y repensant maintenant, je comprends que Christian n'ait pas pu dire autre chose. Persuadée que ma foi était inébranlable, je l'ai contredit de façon véhémente, mais sa question m'avait piquée au vif. Le Dieu de Christian avait produit un effet considérable sur lui, c'était indéniable. Tout en m'efforçant de refouler ces pensées naissantes, je commençais effectivement à me demander si Allah était vraiment le bon Dieu.

« Celui qui remet constamment Allah en question attire la malédiction sur sa maison. Quand il meurt, sa tombe est transformée en enfer, et des queues se forment pour dévorer son corps. »

Ces phrases que j'avais entendu répéter constamment à l'école coranique me revenaient à présent à l'esprit. Notre mollah nous avait convaincues que le moindre cheveu apparent de la femme lui vaudrait une autre queue devant son tombeau. Cette image me terrifiait, au point que j'en faisais des cauchemars toutes les nuits. Il est vrai que je ne portais pas de foulard en Autriche, et voilà que, à présent, Christian avait remis l'existence d'Allah en question. Je me demandais quelle malédiction allait s'abattre sur nous maintenant. J'étais à bout de nerfs.

Ce problème n'a pas cessé de me tourmenter pendant des mois. Plus mes parents me pressaient de faire venir Salman en Autriche, plus mon dilemme devenait insurmontable. Je ne voulais pas qu'il vienne en Autriche et, en même temps, je ne voulais pas alimenter encore le conflit avec mes parents. Je voulais simplement vivre ma vie en paix, terminer mes études, et trouver un bon job, mais mes parents ne toléreraient jamais ce mode de vie. Pour vivre en paix, je serais obligée de les quitter – ce que j'avais du mal à imaginer. Je cherchais désespérément une aide que ma foi ne pouvait pas me donner. Je cherchais des réponses dans le Coran et ne les trouvais pas. Il n'y était question que de vivre dans la crainte de Dieu sur terre pour être récompensé au Ciel. Mais, à ce moment précis, je ne me souciais pas du Ciel. Mon problème – le fait de ne pas vouloir épouser Salman – ne se situait pas dans l'après-vie, mais ici et maintenant dans le présent.

Je n'avais personne à qui parler, à qui me confier. Mes parents ? C'était hors de question. Ma petite sœur ? Elle, dont j'avais été proche autrefois, avait maintenant tellement changé qu'elle ne m'aurait certainement pas comprise. Et Christian ? Je ne pouvais pas m'ouvrir à lui car sa foi chrétienne aurait encore ajouté à mon inquiétude. J'étais prise dans un cercle vicieux, et je ne savais pas comment en sortir.

Peu après Noël, Christian m'a invitée dans un café de Linz.

«J'ai un cadeau pour toi ! C'est la chose la plus précieuse que je puisse te donner», a-t-il ajouté.

Curieuse, j'ai aussitôt ouvert le paquet superbement emballé. C'était une Bible. J'étais bien consciente des risques énormes que je prenais en acceptant un tel livre, mais je n'ai pas hésité.

Entre-temps, la pression que mes parents exerçaient sur moi avait encore empiré. Ils insistaient pour que je signe le certificat de mariage afin qu'ils puissent demander le visa pour Salman. Une nuit, j'ai invoqué Dieu, à bout de désespoir. « Qui es-tu ? Es-tu Allah, Jésus, Bouddha, ou Krishna ? Pourquoi, si tu es tout-puissant et que tu sais tout, ne viens-tu pas à mon secours ? »

Mes yeux sont alors tombés sur la Bible.

« Ce livre est un tissu de mensonges ! » avait toujours affirmé mon père. Un jour, il avait même essayé d'en convaincre un missionnaire chrétien qui faisait du porte-à-porte. Et voilà que moi, sa fille, je tenais le livre du Nazaréen entre mes mains. Bien sûr, je n'avais pas la moindre idée de qui était l'apôtre Paul, ou de la différence entre le Nouveau et l'Ancien Testament. J'y cherchais la réponse à une seule question : « Dieu, qui es-tu ? »

J'ai donc ouvert la Bible au hasard et lu ces mots qui étaient écrits en relief : « Vous me chercherez et vous me trouverez si vous me cherchez de tout votre cœur (Jérémie 29:13). » Je n'avais pas été frappée par un éclair, mais j'avais l'impression que ce passage était la réponse à ma question. Était-ce une coïncidence que je sois tombée exactement sur ce passage ? Pourquoi cela ne m'était-il jamais arrivé avec le Coran ?

Je n'avais jamais remarqué cela à l'école coranique, mais maintenant que j'avais une comparaison, la dureté des enseignements de Mahomet devenait particulièrement évidente.

Outre cela, je trouvais extrêmement agréable le fait que la Bible ne contienne aucune injonction disant que la femme est la servante de l'homme. C'était plus qu'agréable – j'en étais même convaincue. J'étais toujours musulmane, mais je trouvais très intéressante la lecture de la Bible. Intéressante et plaisante. Je la lisais presque tous les soirs – une entreprise non dénuée de risques, compte tenu de la réaction probable de mes parents s'ils me surprenaient.

Je ne parlais à personne de ma lecture de la Bible, pas même à Christian quand il m'a demandé si j'appréciais mon cadeau de Noël. Peut-être étais-je trop orgueilleuse à l'époque, ou avais-je simplement peur qu'il n'en tire la bonne conclusion. Je sais seulement que le moment n'était pas encore venu pour moi.

Mais la Bible avait excité ma curiosité. J'ai commencé à étudier plus sérieusement les écritures des chrétiens. Ne considérant pas la Bible comme un manuel de vie, je ne m'attendais donc pas à y trouver la réponse à mes problèmes, mais cela me réconfortait de me familiariser avec cette vision d'un monde juste, un monde où n'existait aucune différence entre le fidèle et l'incroyant, entre chrétiens et arabes, et entre l'homme et la femme – pas même entre les lignes.

Un certain personnage me fascinait particulièrement : Jésus. Cet homme qui défendait la femme adultère

– qu'est-ce qui l'avait poussé à tenir la plus longue conversation de tout le Nouveau Testament avec un paria samaritain ? Pourquoi était-il apparu d'abord à une femme après sa résurrection plutôt qu'à ses disciples ? J'aurais voulu en savoir plus sur cet homme hors normes, et me suis souvenue d'un film sur Jésus que la télévision autrichienne diffusait invariablement à Pâques. Ma mère éteignait toujours la télévision quand arrivait la scène de la crucifixion. « Il n'a jamais été crucifié ! C'est une invention pure et simple des chrétiens », fulminait-elle. Mais c'était précisément cette scène montrant quelqu'un prêt à sacrifier sa vie pour d'autres qui me fascinait le plus. Voulant regarder le film jusqu'à la fin, je me suis donc risquée en ville pour essayer d'en trouver une copie. Mais chaque fois que je le demandais, je ne récoltais que des grognements et des ricanements.

Je me suis souvenue alors de quelque chose que Christian m'avait dit : « Jésus existe et il t'aime ! » J'ai pensé alors : « Très bien, Jésus, si tu existes vraiment, alors aide-moi à trouver ce film ! » Ma tentative suivante pour trouver la vidéo s'étant révélée infructueuse, j'avais fini par renoncer. Il faisait nuit maintenant. Quand je suis montée dans le tram, j'étais toute désappointée, persuadée que même Jésus ne pouvait pas me venir en aide.

« Vous êtes très jolie. Vous ne seriez pas chanteuse par hasard ? ai-je entendu soudain.

– Non, ai-je répondu à l'homme assis en face de moi.

– Jeune femme, je ne sais pas pourquoi, mais j'ai le sentiment qu'il faut que je vous donne quelque chose, a-t-il poursuivi.

– Parfaitement, c'est Noël ! Faites-moi un cadeau », ai-je dit en me moquant de lui et je lui ai souri.

L'étranger m'a alors tendu un prospectus sur lequel était écrit : « Téléphonez à ce numéro, vous obtiendrez gratuitement un film sur Jésus ! » Je n'ai jamais appelé ce numéro, mais j'ai été profondément affectée par cette rencontre due au hasard. J'étais certaine que Dieu m'avait répondu une nouvelle fois.

Mon cœur était rempli de joie par cette coïncidence, mais ma tête me disait clairement : « Sabatina, tes parents sont déjà furieux que tu ne veuilles par épouser Salman. Comment vont-ils réagir si tu renonces à l'islam ? Comment vivras-tu sans ta famille ? »

Je tremblais à la pensée de les perdre, et je savais que si je me tournais vers Jésus, les ponts seraient coupés avec ma famille. Soudain, j'ai eu une révélation : je pouvais garder l'apparence d'une musulmane, dans mon cœur être une chrétienne. Cette idée m'a poursuivie jusqu'à ma lecture suivante de la Bible quand j'ai lu : « Celui qui aime son père ou sa mère plus que moi n'est pas digne de moi (Matthieu 10:37). »

Tout à coup, ma vision du Messie à l'amour infini était brouillée. Et pourtant, en même temps, il devenait évident que ce serait ce Jésus qui me montrerait le droit chemin. Aujourd'hui, je suis incapable de dire exactement quand je me suis convertie, et combien de temps a pris le processus, mais ce sont les réponses à mes questions qui ont achevé de me convaincre. Je suis devenue chrétienne, et je suis persuadée que ma quête de Dieu m'a guidée vers la liberté. Avoir la certitude qu'il y a un père au Ciel qui ne me laissera pas orpheline, et qui me montrera toujours le chemin à suivre même si tout me semble désespéré, me donne encore maintenant un immense sentiment d'espoir. C'est de là que j'ai tiré la force de vivre, car, bien qu'ayant perdu tout ce qui me permettait de garder les pieds sur terre – ma famille, ma maison, mon pays –, j'ai gagné la liberté.

Je connais beaucoup de musulmans qui ont renoncé à leur foi. Mais leurs mauvaises expériences avec l'islam ont fait qu'ils ne croient plus du tout en l'existence de quelque Dieu que ce soit. Ils se demandent comment je peux encore croire en Dieu après avoir autant souffert entre ses mains. Mais pour moi, il est évident que c'est Dieu qui m'a délivrée de mon malheur.

Je pense également que même les athées vivant dans des pays chrétiens devraient se réjouir qu'il existe un livre comme la Bible, car on y trouve la loi de base selon laquelle chacun a le droit de choisir sa propre religion. Même si le christianisme n'a pas fait que du bien, les paroles de Jésus qui nous montrent que l'amour est l'exigence suprême constituent une feuille de route pour un monde meilleur. Malheureusement, ce message n'a pas gagné toute la chrétienté.

Un jour, j'ai même été escortée à l'extérieur d'une église car une « sœur » trouvait que la vue de mon corsage risquait de trop mettre à l'épreuve ses « frères ». J'appelle cela de l'« islam *light* ». Au Pakistan, les femmes doivent porter un voile en permanence pour les mêmes raisons. « Ce sont toujours les femmes qui sont à blâmer pour avoir cette nature sexuelle et diabolique. Nos corps sont sales », m'avait dit mon professeur de Coran à Lahore. Pourquoi certains chrétiens mesurent ma foi en Dieu à la longueur de ma jupe reste encore un mystère pour moi aujourd'hui. « Je ne suis pas venu pour vous juger mais pour vous sauver », a dit Jésus. Comment pouvons-nous, en tant que disciples, nous placer au-dessus de lui ?

Au lieu de chercher les fautes chez mes semblables, je préfère me demander : que pourraient gagner les autres de ma présence ici ? Plus important que d'assister à toutes les prières, il est de mon devoir de rester calme et toujours inébranlable même quand ma propre famille me poursuit et me calomnie. Pour moi, la foi signifie que, après être tombée pour la septième fois, je dois me relever pour la huitième toujours confiante. Ma foi est une attitude intérieure plus qu'une lumière extérieure.

Au début de 2001, la situation à la maison atteignait son paroxysme Il ne se passait pas un jour sans que mes parents mentionnent Salman et son visa. Ils ne voulaient pas comprendre que je ne voulais pas de lui en Autriche. Entre-temps, j'avais cessé de travailler au centre d'appel et je donnais un coup de main dans un café les week-ends. Je portais des vêtements occidentaux, retrouvais mes copines des cours du soir, et me maquillais de nouveau – autant de signaux évidents pour mes parents leur indiquant que je recommençais à défier leurs valeurs. À cette seule différence, que, cette fois, ce n'était plus la révolte d'une adolescente. Cette fois, il s'agissait de ma propre vie, une vie que je voulais mener comme une femme occidentale moderne, confiante en elle-même. Pendant cette période, je suis même allée jusqu'à envoyer des photos à une agence de mannequins. Quand ma mère a trouvé les clichés, elle s'est mise en rage, et m'a traitée de putain.

Si je rentrais à la maison avec cinq minutes de retard et que ma mère me voyait maquillée, elle hurlait : « Avec qui as-tu couché ? » Ce qui était un euphémisme pour signifier « avoir fait l'amour ». Il va sans dire que jusque-là je n'avais jamais couché avec un homme... Nous en étions revenus à la situation de l'année précédente, la seule différence étant qu'elle ne me frappait plus. Mais de telles accusations sont infiniment plus blessantes que des coups.

J'avais 18 ans à présent et j'allais toujours aux cours. Il me restait deux ans d'études. Je n'avais pas la moindre idée de la façon dont j'arriverais à supporter ce combat permanent et les humiliations de mes parents. Je ne voyais pas comment m'en sortir.

À cette époque, je lisais la Bible presque tous les soirs, et je trouvais que cela avait encore plus d'effet sur moi. Il s'en dégageait tellement de paix et de bonté – quelque chose de totalement différent de l'islam. Néanmoins, je m'interdisais de remettre davantage en question ma propre foi, même si je savais qu'il n'y aurait pas de retour en arrière au cours de cette phase de ma vie. Plus je me plongeais dans la Bible, plus le Coran me semblait absurde. Dans le Coran, tout tournait autour de la lutte et du pouvoir de la foi. L'oppression des femmes était ouvertement légitimée, et la violence, le fait de tuer des gens d'autres confessions n'étaient pas condamnés.

En comparaison, la Bible était tellement plus chaleureuse, plus amicale et plus aimante envers tout un chacun, y compris les femmes. Quand je regarde en arrière, la Bible m'a apporté un réconfort pendant cette difficile période de ma vie, quelque chose que le Coran n'a jamais réussi à faire.

Je me suis souvent surprise à blâmer l'islam pour la situation dans laquelle je me trouvais. Si mes parents avaient été chrétiens, ils n'auraient jamais exigé que j'épouse Salman. Ils ne m'auraient jamais mise à l'école coranique et abandonnée avec ma tante, et ils ne m'auraient jamais forcée à vivre selon leurs valeurs passéistes. L'islam exclut les gens, à la différence de Jésus qui les protège. Du moins, c'est ce qui est écrit dans la Bible – et cela m'avait convaincue.

Pendant cette période, je me suis mise à lire des livres sur des femmes musulmanes qui s'étaient converties au christianisme. *Le Voile déchiré*, par exemple, qui est l'histoire d'une jeune femme convertie au christianisme après avoir souffert d'une grave maladie. Cela me faisait du bien de lire des livres parlant de gens qui avaient rencontré les mêmes problèmes que moi, et avaient trouvé des solutions.

Pourtant, je n'aimais pas le christianisme uniquement parce qu'il représentait une porte de sortie à une situation sans issue. Avec le temps, mon enthousiasme pour Jésus augmenta, surtout en voyant l'exemple de Christian. Sa foi l'avait conduit à opérer une transformation fondamentale, et même si mes parents, ma famille et de nombreux musulmans risquaient de ne jamais pouvoir le comprendre, je devenais de plus en plus proche de cette foi. Je commençais à croire en Dieu, en Jésus, et à la bonté des gens.

Aujourd'hui, je suis incapable de dire combien de temps cela prit. Je ne sais qu'une chose : je suis devenue chrétienne. Cela s'est fait sans tambour ni trompette, il n'y a eu aucun signe particulier, et aucun instant décisif comme pour mon ami Christian. Cela se produisit graduellement. À un moment donné, durant ces nuits où j'étais couchée à côté de ma sœur et je lisais la Bible en secret, je me suis détournée d'Allah et de son prophète Mahomet. Je ne croyais plus en eux, ni dans le Coran, ni dans la supériorité de l'islam. Aussi étrange que cela puisse paraître, l'influence que mes parents, mon grand-père, ainsi que les mollahs de l'école coranique avaient exercée sur moi pendant des années se trouva balayée en l'espace de quelques semaines. Deux semaines de lecture en secret, et l'exemple d'un ami qui avait changé du tout au tout. À un moment donné, tout est devenu parfaitement limpide pour moi, bien que je ne me souvienne pas exactement de ce qui servit d'élément déclencheur. La Bible me paraissait plus convaincante en ce qui me concernait et en ce qui concernait ma vie.

Je suis consciente que, au cours des derniers siècles, beaucoup de choses négatives ont été faites au nom du christianisme : ce sont plutôt les idées qu'il véhicule qui m'ont attirée. La possibilité de pouvoir vivre ensemble sur cette terre en s'aimant les uns les autres. La possibilité que la vie ne se limite pas à ce que nous faisons jour après jour. L'idée que la mort n'est pas la fin, mais que la vie continue. Qu'il y a quelque chose de l'ordre de la délivrance : une résurrection après qu'on a été enterré, peut-être même un paradis dans lequel tous les gens sont égaux, et où personne n'est récompensé par cent vierges parce qu'il s'est fait sauter au nom de sa foi avec une ceinture pleine d'explosifs.

Je ne prenais pas tout cela en compte à l'époque et, même aujourd'hui, je ne suis pas très concernée par la politique. Je ne suis pas quelqu'un de fanatique, ni de prosélyte, et, comme beaucoup d'autres chrétiens en Autriche, j'éprouve certaines difficultés avec les exigences de l'Église officielle. Je suis surtout intéressée par l'idée qui sous-tend l'ensemble. Et je sais que le christianisme m'a convaincue. Il m'a fallu longtemps pour le comprendre mais, dès ce moment, j'en fus très heureuse. Je me suis sentie protégée et comprise, et ma situation m'a soudain paru plus facile à supporter.

Mais je ne me faisais aucune illusion, sachant que ma conversion au christianisme ne ferait qu'accentuer mes problèmes. Dans les livres que je lisais, les auteurs décrivaient les persécutions qu'ils avaient endurées de la part de leur famille après leur conversion. Comment mes parents réagiraient-ils quand je leur dirais que non seulement je n'épouserais pas Salman, mais aussi que j'étais devenue chrétienne ? Ils m'insulteraient, me battraient, et m'opprimeraient encore plus qu'avant.

Peu de temps après, je me suis aperçue que je ne pouvais plus revenir en arrière. J'en ai parlé à Christian. Il s'en est réjoui pour moi mais, en même temps, a insisté pour que je ne dise rien à mes parents. Il avait peur pour moi, et comme on n'allait pas tarder à le voir, il avait raison.

J'avais tellement l'habitude de jouer à cache-cache maintenant, et les rapports avec mes parents étant réduits au strict minimum, que mon récent changement ne se voyait pas tellement. Même s'ils avaient remarqué que je ne priais plus cinq fois par jour et ne lisais plus le Coran, ils croyaient probablement que c'était une nouvelle façon de contester leur autorité. Cela aurait pu continuer ainsi pendant des mois s'il n'y avait eu le problème de Salman. Mes parents insistaient toujours pour que je le fasse venir en Autriche mais, étant donné mon changement de foi, je ne pouvais pas concevoir de l'avoir auprès de moi. Je continuais donc à refuser.

Ma nouvelle religion m'avait donné une nouvelle confiance en moi, car je savais maintenant que je n'étais plus seule, même si c'était en désaccord total avec mes parents. Cette pensée me donnait assez de force, et il n'était pas étonnant qu'une confrontation ait été sur le point d'éclater.

C'était une chaude journée printanière d'avril 2001. J'avais retrouvé Christian dans un café sur la Linzer Landstrasse, et il m'avait annoncé qu'il voulait aller en Italie. Je l'enviais. Nous avions le même âge, mais il était déjà parti plusieurs fois à l'étranger sans ses parents. Nous nous sommes séparés juste avant midi. Christian voulait faire quelques courses, et j'avais des devoirs. Nous étions convenus de nous retrouver dans l'après-midi au même café pour discuter jusqu'à l'heure de la reprise des cours.

Quand je suis rentrée à la maison, ma mère était dans l'entrée. Je la revois comme si c'était hier, debout devant moi : elle portait une *salwar kameez* rouge, avec la tête nue car elle n'était pas encore sortie de la maison ce jour-là. Je sentis l'odeur du poulet au curry de la veille au soir que ma mère était en train de réchauffer. Mes frères et ma sœur étaient encore à l'école et mon père conduisait son taxi.

Elle me regardait, les yeux étincelants de colère. J'ai d'abord cru qu'elle allait se lancer dans une nouvelle tirade concernant Salman. Peut-être la mère de Salman avait-elle de nouveau téléphoné pour s'enquérir de son visa. Mais la raison de sa colère était insignifiante.

« Tu as vu ton allure ? » me lança-t-elle.

Il était de nouveau question de mon apparence. Je portais un jean, un tee-shirt bleu long et vague, sans rien de remarquable. Pourquoi s'énervait-elle ?

« Combien de fois devrai-je te rappeler de ne pas te promener comme ça ? Habille-toi convenablement. As-tu déjà tout oublié de ce que tu as appris au Pakistan ? »

Aujourd'hui, je m'étonne encore qu'un sujet aussi ridicule ait pu donner matière à une telle explosion. Un simple tee-shirt. J'aurais compris s'il s'était agi d'un bikini, ou de mes rendez-vous avec Christian, qu'elle ne soupçonnait même pas, ou de Salman... mais un tee-shirt ? Peut-être était-ce à cause de la colère que j'avais accumulée au cours des dernières années, ou simplement parce que je savais que ça devait arriver un jour – en tout cas, j'ai décidé ce jour-là d'arrêter de me cacher.

« Je ne veux plus qu'on me dise ce que je dois faire, ai-je hurlé à mon tour.

– Qu'est-ce que tu as dit ? »

Elle avait la même voix qu'au Pakistan quand j'avais refusé d'épouser Salman : aiguë, sonore à vous en percer les tympans, et pleine de haine.

« Je refuse dorénavant de me plier à tes règles. Je ne m'habillerai plus comme tu le veux. Je ne veux plus faire semblant. Je ne vivrai pas comme tu veux que je le fasse. Et je n'épouserai jamais Salman ! »

J'étais horrifiée de m'entendre parler comme ça. Comment pouvais-je agir ainsi ? Il n'y avait aucune ambiguïté dans mes paroles, et ma mère l'avait visiblement compris. C'était la fin, la rupture définitive.

« Répète ce que tu viens de dire !

– Tu as très bien compris. Je ne l'épouserai pas ! »

Nous sommes restées un moment à nous dévisager. Le silence était impressionnant, troublé seulement par le bruit de la télévision. Ma mère avait les joues écarlates de colère et les paupières agitées par son tic. Je m'attendais à ce qu'elle recule pour me frapper. Mais elle n'en fit rien.

Au lieu de cela, elle est allée dans ma chambre, a ouvert violemment la porte du placard et en a tout sorti. Puis elle est revenue, a ouvert la porte d'entrée, et a tout jeté dans le couloir. À la fin, elle a pris un sac en plastique vide et l'a également jeté dans le couloir.

« Va au diable. Tu n'es plus notre fille. Je ne veux plus te voir. »

Sur ces mots, elle m'a poussée dans le couloir et m'a claqué la porte au nez.

J'ai remarqué que mes genoux commençaient à trembler. C'était vraiment la fin. Je suis restée là, pétrifiée. Pas une larme. C'était terminé. Les choses ne seraient plus jamais pareilles. Pourtant j'étais soulagée. Je n'avais pas la moindre idée de ce qui allait arriver, mais je me sentais bien. Mieux en tout cas que l'année précédente quand je m'étais réfugiée chez Célestine. J'ai fourré mes affaires dans le sac en plastique et j'ai quitté la maison. Pour toujours.

7

J'ai pris la décision ce jour-là : c'était terminé. La dispute avec ma mère avait scellé ma rupture avec ma famille. C'était la goutte d'eau qui avait fait déborder le vase ; je ne reviendrais plus jamais à la maison. Nous ne revivrions plus jamais ensemble. Comme je l'ai dit, je me sentais véritablement libérée. Le fait que ma décision soit définitive m'enlevait un poids des épaules, un poids que je portais tous les jours depuis des années. J'allais enfin pouvoir vivre comme je le voulais. Tout irait bien maintenant.

Après la dispute avec ma mère, je suis allée tout droit à l'école où étaient scolarisés mes frères et ma sœur pour leur dire au revoir. Quand ma petite sœur Aicha a vu le sac en plastique, elle a aussitôt compris ce qui se passait.

« Qu'y a-t-il encore ? a-t-elle demandé d'un ton irrité. À propos de quoi vous êtes-vous disputées cette fois ?

– À propos de mes vêtements, ai-je répondu. Mais c'est terminé. Je m'en vais. »

J'ai bien vu qu'Aicha n'en croyait pas un mot.

«Je dois retourner en classe. Nous en parlerons ce soir», a-t-elle dit avant de quitter la bibliothèque.

Ce n'était pas la peine. Si ma sœur elle-même ne comprenait pas, je ne pouvais pas compter sur le moindre soutien de la part de mes frères.

Je n'avais plus rien. Il ne me restait plus que le sac en plastique contenant mes vêtements que je tenais à la main. Je n'avais pas d'argent, pas d'endroit où aller, et ne savais même pas où j'allais passer la nuit. À part Christian, avec lequel je ne pouvais évidemment pas dormir, je n'avais pas d'amis. Il ne me restait plus qu'à me rendre au foyer où j'avais déjà trouvé asile deux ans plus tôt. Mais cela ne me semblait pas être la solution idéale, car, même à l'époque, les travailleurs sociaux n'avaient pas vraiment pu m'aider. Au bout de deux semaines, ils m'avaient renvoyée à la maison en m'incitant à accompagner mes parents au Pakistan. D'après eux, je n'avais absolument rien à craindre. Ils trouvaient même que c'était l'occasion idéale pour démontrer à mes parents que je n'étais pas faite pour leur monde pakistanais.

Mais je n'avais pas le choix. À mon arrivée, mes deux conseillers d'alors étaient justement de service. Quand je leur ai raconté ce qui s'était passé depuis notre dernière rencontre, ils ont aussitôt accepté de m'héberger. On m'a attribué une nouvelle fois une petite chambre sous les combles, avec deux petits lits étroits, une armoire, un vieux bureau, et une lampe de lecture. Je partageais la chambre avec Karin, une adolescente de 14 ans, qui avait été abusée par son père pendant des années, et avait fini par trouver le courage de s'enfuir quelques jours auparavant. Karin était une jeune fille très réservée, mais nous nous sommes tout de suite très bien entendues.

Le lendemain, un travailleur social a téléphoné à mes parents pour leur dire que je vivais de nouveau au foyer, et qu'une conciliation familiale était prévue la semaine suivante.

Cela m'a paru vraiment étrange de revoir mes parents. Quand ils étaient venus me voir au foyer deux ans plus tôt, j'étais dans un état extrêmement émotif. Tout en étant terrorisée par eux, et surtout par ma mère, je les considérais encore comme mes parents. Je les aimais, et j'aspirais toujours malgré tout à la sécurité que peut vous donner une famille. C'était aussi la raison pour laquelle j'étais rentrée à la maison. Cette fois, les choses étaient complètement différentes. Quand nous sommes entrés dans la salle de réunion, je me suis aperçue que je ne ressentais plus rien pour eux. Je ne les haïssais pas mais je ne voulais pas retourner vivre avec eux. Pendant la demi-heure qu'a duré la réunion, je me suis sentie plus forte et plus sûre de moi que jamais. Était-ce ma foi qui m'avait donné cette force ? La certitude que Dieu et Jésus me protégeraient ? Ou simplement le fait d'avoir deux ans de plus et infiniment plus confiance en moi ? Un peu de ces trois raisons probablement.

En tout cas, je ne voulais pas que mes parents soient au courant de la relation que j'entretenais avec Dieu, ni qu'ils sachent que, au fond de mon cœur, j'étais déjà chrétienne. J'imaginais leur réaction, et après tout ce que j'avais lu sur le traitement que l'islam réservait à ceux qui se convertissaient, je ne voulais pas les provoquer. Mais je suis certaine qu'ils ont remarqué la confiance qui m'animait. Après avoir essayé une nouvelle fois de me dissuader de m'enfuir, ils y ont renoncé face à ma détermination, et ont repris le chemin de la maison sans avoir rien obtenu.

Au bout de deux semaines passées au foyer, les conseillers m'ont proposé de se mettre en quête d'un logement plus permanent pour moi. Peu de temps après, j'emménageais dans un petit meublé proche de Hessenplatz à Linz. Les quelque vingt mètres carrés permettaient tout juste d'y caser un lit étroit, une table avec deux fauteuils, une armoire et une bibliothèque. Il y avait une petite kitchenette, des toilettes et une douche au bout du couloir. Pas vraiment de quoi rêver mais, pour moi, c'était le paradis. Un endroit à moi, enfin, où je pourrais vivre à mon gré.

Tout s'est très bien passé au début. Je continuais à aller aux cours, je travaillais au café, retrouvais Christian régulièrement, et commençais à sortir avec mes copines de classe après les cours. Exactement ce dont j'avais rêvé. Je pouvais enfin vivre comme une Autrichienne sans déplaire à qui que ce soit. Peu à peu, je me faisais de nouveaux amis qui m'acceptaient comme j'étais. Même maintenant, je me souviens encore de cette période avec plaisir. J'étais fauchée, mais la liberté dont je jouissais n'avait pas de prix. J'avais 18 ans, et c'était mon premier été de liberté. Terrée aujourd'hui dans ma cachette, je repense souvent à cette période. Je ne souhaite pourtant rien d'extraordinaire – seulement que les choses redeviennent comme avant. Mais pour le moment, cela paraît impossible.

Cette liberté, qui me permettait de profiter de ma nouvelle vie et en même temps de consolider ma foi, n'allait durer que six semaines. Durant cette période, je lisais souvent la Bible, et suis devenue amie avec d'autres chrétiens. Ils m'aidaient quand je ne comprenais pas quelque chose, et m'emmenaient avec eux à la messe le dimanche.

Un jour, mes parents ont repris contact avec moi. Le propriétaire du café où je travaillais leur avait donné mon numéro. Au fond, j'étais heureuse d'avoir de leurs nouvelles. Mon père surtout s'est montré charmant. Il m'a incitée une nouvelle fois à rentrer à la maison mais n'a pas insisté devant mon refus.

Quelques jours plus tard, il a téléphoné une nouvelle fois en m'annonçant qu'il allait venir me rendre visite dans ma nouvelle habitation. J'étais dans tous mes états. Qu'était-il en train de préparer ?

Arrivé de bonne heure dans l'après-midi, il m'a paru calme et chaleureux. Il voulait que je revienne à la maison, ce à quoi je m'attendais. Mais à présent qu'il était assis en face de moi, il n'entendait pas se laisser décourager aussi facilement que lors de nos conversations téléphoniques.

« Il faut que tu reviennes, sinon nous perdrons notre honneur, a-t-il insisté.

– Je ne peux pas, père.

– Tu ne sais toujours pas discerner ce qui est juste ? »

J'ai vu alors qu'il commençait à perdre patience mais je n'avais plus peur de lui. Et, à cet instant, j'ai décidé de lui dire la vérité.

« Oui, je sais parfaitement ce qui est juste. Dieu dit que ce n'est pas juste pour une femme de vivre dans l'oppression. Ce n'est pas juste d'épouser un homme que je n'aime pas !

– Quel Dieu, Sabatina, de quel Dieu parles-tu ? »

J'ai alors pris mon courage à deux mains.

« Je ne crois pas dans le même Dieu que toi, père. Je crois en Jésus-Christ, de tout mon cœur. »

Ivre de rage, il s'est levé d'un bond et s'est précipité hors de l'appartement sans même me regarder.

Je l'avais fait ! J'avais dit à ma famille que j'étais devenue chrétienne.

J'ai aussitôt appelé Christian, et il est venu me voir dans la journée. Une nouvelle fois, il m'a paru perplexe. Il était content que j'aie dit la vérité à mes parents, mais il était également très inquiet pour mon avenir, et surtout pour ma sécurité. Il connaissait parfaitement la punition prévue par le Coran et la charia, la loi canonique de l'islam, pour les convertis dans mon genre. Au Pakistan, les gens qui renoncent au Coran sont tués.

Cette peur terrible était omniprésente dans tous les livres que j'avais lus concernant des musulmanes converties au christianisme. Et je comprenais très bien ce qu'elles avaient dû ressentir, car je connaissais parfaitement la valeur que mes parents donnaient aux injonctions du Coran et à l'honneur familial. En même temps, je n'arrivais pas à croire qu'ils puissent vraiment s'en prendre à moi. Malgré tout, c'étaient mes parents.

« Ils ne me feront rien. Je suis leur fille, ai-je dit à Christian pour le rassurer, mais cela n'a servi à rien.

– Oh ! si, ils le feront. Tu dois faire très attention, Sabatina. »

Christian avait raison. Quelques heures à peine après le départ de mon père, entrait en action une torture en comparaison de laquelle tout ce que j'avais subi jusque-là devenait insignifiant – torture qui n'a jamais cessé depuis. J'ai d'abord reçu un coup de téléphone de ma mère, pour me dire que j'étais le même genre de putain que toutes les autres jeunes Autrichiennes, et combien elle me haïssait. Peu après, c'est mon père qui a appelé pour me traiter de « traînée », d'« ordure », et de « putain ». Mais mes parents m'avaient déjà suffisamment insultée pour que je m'énerve à cause de deux appels téléphoniques.

Les jours suivants, les appels ont continué, mais je ne me suis pas laissée dévier de mon chemin. J'allais aux cours, je travaillais et retrouvais Christian. Je me sentais en sécurité avec lui ; cela me semblait tellement bon d'avoir enfin quelqu'un à qui parler. En fait, ce n'était même pas vraiment nécessaire car, en dépit des appels de mes parents, je me sentais encore relativement en sécurité. Je comprenais qu'ils ne soient pas du tout satisfaits par mon changement de religion, mais je n'arrivais toujours pas à imaginer qu'ils s'en prendraient à moi, autrement que pour me donner une correction. Étant leur fille, j'étais encore persuadée que les liens familiaux étaient plus forts que leurs obligations envers leur foi.

D'ailleurs, Christian aurait été bien incapable de me protéger. Il était plutôt du genre maigrichon, et si les choses avaient mal tourné, il n'aurait pas pu résister à mon père. J'aimais en tout cas beaucoup être en sa compagnie, et nous priions souvent ensemble, ce qui me procurait un certain réconfort.

Je ne me sentais pas vraiment menacée, même si ma famille appelait plusieurs fois par jour, m'injuriait et exigeait que je rentre à la maison *illico.* Ces appels sont bientôt devenus une habitude. Presque chaque matin entre 7 et 8 heures, avant que mon père ne parte travailler, et le soir, entre 18 et 22 heures, quand ils étaient tous rentrés, le téléphone sonnait. Comme le numéro s'affichait sur mon téléphone portable, la plupart du temps je ne répondais pas. Mais ils renouvelaient leurs appels tellement de fois que je finissais par céder, et répondais, juste pour m'entendre couvrir d'insultes. Mon père venait parfois jusqu'à mon appartement, et se postait devant la porte, en donnant de grands coups dedans, et en criant. Je n'ouvrais jamais, et il disparaissait au bout d'un moment. C'était ennuyeux mais pas trop insupportable. J'ai donc préféré ne pas bouger.

Cela n'a servi qu'à déchaîner la fureur de mon père. Il s'est mis à téléphoner de plus en plus souvent, a pris l'habitude de venir stationner devant ma porte presque tous les jours, ce qui a fini par provoquer des problèmes avec mes voisins, lesquels se plaignaient tout à fait légitimement d'entendre constamment crier dans le couloir.

Un jour, il a même osé surgir au café où je travaillais, et s'est mis à vociférer, m'obligeant à aller m'enfermer dans les toilettes. Mon patron a eu la plus grande difficulté à le persuader de quitter les lieux. Mais son comportement a eu des conséquences, et je n'ai pas tardé pas à perdre mon job.

À présent, j'étais dans les problèmes jusqu'au cou. Je n'avais pas travaillé au café suffisamment longtemps pour avoir fait des économies. J'avais un besoin urgent d'argent et, surtout, d'un nouveau travail. Mais que se passerait-il si mon père venait de nouveau me faire une scène ? Il fallait que je lui parle. C'était le seul moyen. J'ai téléphoné à mon père et nous sommes convenus de nous retrouver chez mes parents. Par prudence, j'avais décidé d'emmener un vieil ami pakistanais de la famille, qui avait pris mon parti précédemment.

Plus tard, on m'a souvent demandé pourquoi j'avais voulu garder le contact avec ma famille. En Europe occidentale, il n'est peut-être pas très important pour un jeune de 18 ou 19 ans de rompre définitivement les ponts avec sa famille. Mais au Pakistan et dans le monde islamique, ce n'est pas du tout la même chose. Aussi étrange que cela puisse paraître, la famille est au cœur de l'ordre social, tous les enfants en sont intimement persuadés. Les enfants pakistanais passent la majorité de leur temps au sein de la famille. Les conditions de vie dans un cadre exigu sont un autre facteur important. Quand vous avez non seulement vécu dans la même maison pendant dix-huit ans, mais aussi dormi dans la même pièce, il en résulte une intimité et une solidarité parfaitement étrangères aux standards occidentaux.

Et je ne faisais pas exception à la règle. Malgré ce que ma mère et mon père avaient fait, ils comptaient toujours beaucoup pour moi. Même si je ne réagissais pas, leurs menaces me blessaient profondément. Chrétienne ou non, je me considérais toujours comme leur fille, et, bien qu'ils m'aient rejetée, je ne pouvais pas me contenter de tout laisser derrière moi, et continuer à mener ma vie. Quelque chose m'aurait manqué. Et c'est toujours le cas aujourd'hui : cette proximité, ce sentiment d'appartenance, c'est quelque chose que la société pakistanaise cultive. Il m'est difficile d'accepter de ne plus en faire partie. Encore aujourd'hui, je suis souvent tentée de reprendre contact avec mes parents, et la seule chose qui m'en empêche, c'est le risque de mort que j'encours.

C'est justement parce que la famille a tellement d'importance au Pakistan que je ne croyais pas qu'ils s'en prendraient sérieusement à moi, et que j'ai accepté de les rencontrer. Je n'allais pas tarder à m'apercevoir que les diktats de la foi pèsent plus lourd que les liens familiaux.

Le 2 juin 2001, en début d'après-midi, je suis entrée chez mes parents, accompagnée par un vieil ami pakistanais. Ma famille n'était pas seule non plus. Ahmed, un ami de mon père de Sarleinsbach, était là également.

La discussion allait être difficile, nous le savions tous. Malgré les invités, ma mère ne nous a même pas proposé de *tchaï*. Nous sommes allés dans le salon. J'étais à peine assise que la porte s'est ouverte et que Salman est entré. Salman ! Par quel effet du sort était-il arrivé en Autriche ? J'ai découvert plus tard que mes parents l'avaient adopté sans me le dire, lui permettant ainsi de venir en Autriche. Mon refus obstiné de lui procurer un visa n'avait servi à rien.

Il m'a regardée sans rien dire et s'est assis à côté d'Ahmed. Mon père m'a demandé si cette histoire de christianisme n'était qu'un mensonge, une nouvelle excuse pour éviter d'épouser Salman. Je lui ai répondu que la Bible m'avait convaincue que le christianisme était supérieur à l'islam. Horrifiée, ma mère a bondi de sa chaise, mais mon père l'a retenue.

« Arrête ça tout de suite ! Tu sais ce qui va t'arriver si tu dis ce genre de choses. Tu finiras en enfer ! » a-t-elle hurlé.

Je me suis levée. Cela ne servait à rien. Au moment où j'allais quitter la pièce, Ahmed a pris la parole.

« Sabatina, es-tu bien certaine de vouloir devenir une chrétienne ? »

J'ai acquiescé, sentant la peur me gagner.

« Tu sais ce qui va t'arriver conformément à notre religion, n'est-ce pas ? »

Je ne dis rien.

« Normalement, tu aurais un délai de trois jours pour reconsidérer les choses, continua Ahmed. Nous te donnons deux semaines. Si tu n'acceptes pas de reconnaître à nouveau Mahomet, nous devrons te tuer. Ne gaspille pas ce temps qui te reste. Je t'en prie, ne nous oblige pas à faire ce que nous devrons faire. »

La menace était si soudaine que j'en suis restée pétrifiée. Je n'avais pas la moindre idée de la façon dont j'aurais dû répondre. À cet instant, Salman, qui était resté assis tout le temps sans dire un mot, s'est levé et est allé jusqu'à la porte. Ma mère a acquiescé pendant que mon père réitérait sa menace.

« L'honneur de la famille est plus important que ma vie ou la tienne, dit-il. Quiconque tourne le dos à notre foi mérite la mort. Nous préférerions mourir nous-mêmes que de continuer à vivre avec cette honte. Ne va pas jusque-là, reviens vers ta foi. »

Tétanisée, j'ai saisi mon sac et me suis précipitée hors de l'appartement.

De désespoir, j'ai aussitôt appelé mon ami Christian. Il m'avait avertie à plusieurs reprises de ne pas sous-estimer la réaction de mes parents, et il avait eu raison.

« Il faut que tu ailles à la police, a-t-il dit. La situation devient vraiment dangereuse. »

C'était exactement ce que je voulais éviter, mais Christian a insisté. Finalement, la crainte pour ma vie l'a emporté et j'ai accepté.

J'ai raconté mon histoire à l'officier de police depuis le début, les premiers problèmes avec mes parents, les coups que me donnait ma mère, ma fuite au foyer, le voyage au Pakistan, l'école coranique, mes fiançailles avec mon cousin, ma conversion au christianisme et, pour finir, la menace de mort que mes propres parents et l'ami de la famille avaient proférée.

Mon récit devait ressembler à un mauvais scénario. À 18 ans, j'avais déjà connu plus de péripéties que la plupart des adultes en vivront pendant toute leur vie. Le pire, c'est que tout était vrai.

La police a réagi tout de suite. Ils ont rédigé des rapports et passé des coups de téléphone.

« Avec ça, nous allons pouvoir retenir vos parents et Ahmed jusqu'à ce nous ayons recueilli leurs aveux », a déclaré l'officier.

J'étais horrifiée à cette pensée, mais comment faire autrement ? Le cœur gros, je leur ai donné mon autorisation.

J'ai alors appelé Christian de la cabine téléphonique la plus proche pour envisager avec lui ce que je devais faire à présent. Je n'osais pas retourner à mon appartement de peur que mon père y soit. Christian était chez lui, et il s'est dit prêt à venir me retrouver à l'arrêt du tram près de son appartement.

Quand je suis arrivée, il n'était pas là. La nuit était tombée, et il pleuvait des cordes. Je me suis assise dans l'abri du tram pour l'attendre. J'étais complètement perdue. Que faire ? Aller trouver mes parents, leur demander leur pardon, et assurer que j'étais une bonne musulmane ? Leur dire que j'avais fait semblant de m'être convertie ? Leur dire que j'étais même prête à épouser Salman ? C'était hors de question ! Complètement désespérée, je suis restée longtemps assise à l'arrêt du tram devant la maison de Christian, mais il n'est pas venu. Au bout de trois quarts d'heure, je suis retournée lui téléphoner à la cabine téléphonique la plus proche.

« Je ne viendrai pas, Sabatina, dit-il. C'est trop dangereux. Il vaudrait mieux ne plus nous voir pendant un moment. Fais attention à toi. »

Encore une fois, le monde s'effondrait autour de moi – et pour la deuxième fois de la journée.

Les jours suivants, je suis restée chez moi. J'avais fini par trouver du travail et je n'avais personne avec qui parler. En plus, j'étais à court d'argent et n'avais pas d'autre choix que de me rendre à l'association humanitaire la plus proche pour me nourrir.

Peu de temps après, la police a téléphoné pour me donner les résultats de son enquête. Au cours de leur interrogatoire, mes parents et Ahmed avaient formellement nié avoir jamais proféré de menaces de mort. En conséquence, aucune action ne pouvait être engagée contre eux.

Si j'avais eu quelqu'un à qui parler à l'époque, je n'aurais jamais connu les événements des six mois suivants. À bout de solitude, j'ai fini par céder – j'ai téléphoné à mon père pour lui dire que je m'étais trompée sur toute la ligne.

Mais si j'avais pu croire un instant que cela changerait quelque chose, je me suis très vite aperçue que je me trompais lourdement. Au contraire, mes parents ont recommencé à mettre la pression sur moi. Ils m'appelaient sans arrêt en exigeant que je vienne à la maison pour éclaircir ma position sur l'islam. Mon père s'est remis à camper devant ma porte, en menaçant de me ramener de force à la maison. Dès que mes parents ont trouvé où je travaillais, mon père a surgi et m'a fait une scène devant mes collègues. La deuxième fois, j'ai été renvoyée.

J'imaginais souvent quitter Linz pour recommencer une vie ailleurs, mais je ne parvenais pas à m'y résoudre.

Un soir, début 2002, le téléphone a sonné dans mon petit appartement.

« C'est moi, ton mari », dit une voix. C'était Salman – dont je n'avais plus entendu parler depuis que je l'avais vu chez mes parents.

J'ai raccroché, horrifiée. Ce n'était pas bon signe. Peu de temps après, j'ai reçu un appel de la police me demandant de venir au commissariat pour éclaircir quelque chose. Je suis restée sans voix en découvrant ce qui se tramait : mes parents avaient produit à la police un certificat de notre mariage, à Salman et moi.

« Ce certificat a été délivré par les autorités pakistanaises et certifié par l'ambassade autrichienne à Islamabad, a dit un des officiers de police. Selon la loi autrichienne, vous êtes donc mariée avec votre cousin, mademoiselle James. »

Je ne savais plus quoi dire. C'était un mensonge, un faux éhonté ! Je n'avais pas épousé Salman au Pakistan, j'avais seulement été fiancée avec lui. Aucun officiel n'avait été présent à la cérémonie, et je n'avais rien signé. Pourtant ma signature figurait bien sur le certificat de mariage, même si n'importe qui aurait pu vérifier qu'il ne pouvait pas s'agir de la mienne. La police a consigné mes dénégations dans un rapport, mais je ne pouvais pas faire grand-chose. L'ambassade autrichienne avait bien fait son travail : Salman, ses parents, et tous les voisins avaient été interrogés, et ils avaient tous confirmé que le mariage avait bien eu lieu. Ma déclaration n'avait donc aucune valeur. Les démarches que j'avais faites pour éviter que ce mariage soit reconnu auraient rempli un livre entier : j'étais même prête à conclure un mariage arrangé avec un parfait étranger. Désespérée et folle de colère, je devais pourtant me rendre à l'évidence : sans avoir jamais été mariée ni avoir signé de certificat de mariage, je me retrouvais l'épouse d'un homme que je ne pouvais pas supporter.

Je me demande quelle dose de malheur et de torture mentale quelqu'un peut supporter avant de craquer. En tout cas, ma capacité de souffrance était énorme et, quand je repense à cette période, je m'étonne toujours de ce que j'ai pu endurer. Ce sont la Bible et ma foi en Jésus-Christ qui m'ont donné la force de résister à la pression que mes parents me faisaient subir. Il se passait rarement une journée sans coups de téléphone et, quand je m'abstenais de réagir à leurs insultes, ils inventaient encore de nouvelles raisons pour que je revienne à la maison. Ils ont prétendu que mon grand-père était malade et qu'il perdait la vue. Puis que mon oncle était mourant. Et, bien sûr, c'était toujours à cause de moi. Salman, surtout, m'appelait sans arrêt et me harcelait de plus en plus. Un jour, en avril 2002, il est même allé jusqu'à me menacer physiquement.

« Où es-tu ? a-t-il crié dans le téléphone. Je vais te trouver, et si tu ne viens pas avec moi, tu me le paieras. »

Au cours de ces mois, j'ai compris qu'il ne me restait plus qu'une solution : il fallait que je m'enfuie, que je quitte Linz, pour recommencer à vivre quelque part où mes parents ne pourraient pas me trouver. À l'époque, je ne savais pas où aller, et je ne savais pas non plus jusqu'où je devrais m'enfuir pour échapper à mes parents. Mais je ne pouvais plus rester dans la même ville qu'eux.

La rupture définitive n'allait pas tarder à se produire. Le samedi 15 juin 2002, ma vie a basculé. Il était 7 heures quand mon téléphone a sonné. C'était certainement quelqu'un de ma famille car personne d'autre ne m'aurait appelée à cette heure-là. Je ne sais toujours pas pourquoi j'ai décroché le téléphone. Sa voix a achevé de me réveiller. C'était Salman.

« Espèce de maudite salope, tu as la mort de mon père sur la conscience ! a-t-il hurlé dans l'appareil.

– Que s'est-il passé, Salman ? ai-je demandé en essayant de garder mon calme.

– Tu le sais très bien, salope. Il est mort de chagrin, parce que tu refuses de vivre avec moi. Tu l'as tué et tu vas le payer. »

Au cours des semaines précédentes, mes parents avaient mentionné à plusieurs reprises que le père de Salman n'allait pas bien et qu'il risquait de mourir bientôt. Chaque fois, ils me le reprochaient, mais je ne les avais jamais pris au sérieux. Je regrettais qu'il soit mort car j'avais toujours beaucoup aimé mon oncle.

« Salman, dis-je. Calme-toi. Je ne l'ai pas tué et tu le sais parfaitement.

– Je ne sais rien, rien du tout. Mon père est mort parce que tu ne vis pas avec moi. C'est ça qui l'a tué et j'en ai assez maintenant. Toi et tes idées impossibles. Ahmed avait raison, on devrait te tuer. Et c'est justement ce que je vais faire. »

J'ai raccroché. Salman était furieux, cela ne faisait aucun doute. La mort de son père l'avait mis dans un tel état de rage qu'il était capable de tout. Il savait où j'habitais. Il allait venir ici et s'en prendre à moi. Et, selon les lois de l'islam, le fait que je me sois convertie lui en donnait même l'autorisation.

Mes parents avaient insisté à plusieurs reprises au cours des semaines précédentes pour que je professe clairement ma foi dans l'islam, mais, à présent, j'étais suffisamment mûre pour ne pas renier Jésus-Christ une seconde fois. J'ai trouvé ma réponse dans le Nouveau Testament : « Quiconque me confessera et me reconnaîtra devant les hommes, je le reconnaîtrai et confesserai aussi moi-même devant mon Père qui est dans les cieux ; et quiconque me renoncera devant les hommes, je le renoncerai aussi moi-même devant mon Père qui est dans les cieux (Matthieu 10:32, 33). » Il fallait qu'ils sachent que j'étais chrétienne – mes parents, Salman, Ahmed, et mon grand-père le muezzin. J'étais prête à en payer le prix.

Et, subitement, tout est devenu clair pour moi. Cela ne pouvait pas continuer ainsi. Mes parents n'allaient pas cesser de me menacer, et ils risquaient un jour de mettre leur menace à exécution – peut-être pas tout de suite, mais un jour, plus tard. Je n'étais même pas certaine d'être en sécurité ici, et, en tout cas, je ne me sentais pas en sécurité. Pas à ce moment-là, et certainement pas dans l'avenir non plus. J'ignore si Salman est vraiment venu à mon appartement ce jour-là. J'avais maintenant une idée fixe : il fallait que je m'en aille.

Et c'est exactement ce que j'ai fait.

Ce samedi-là, j'ai quitté Linz – pour toujours.

8

Jusqu'à aujourd'hui, aucune tentative de meurtre n'a été perpétrée contre moi. Personne ne s'est introduit dans mon appartement, personne ne s'est tapi dans l'ombre pour m'attendre, ni ne m'a adressé de lettre de menace. J'ignore si cela arrivera jamais. Je sais seulement que je suis terrifiée.

La peur ne me quitte jamais. La peur que ma famille puisse me tuer selon la loi de la charia. Cette peur est telle que je ne peux plus mener une vie normale. Quel que soit le jour.

Depuis mon départ de Linz, j'ai parlé plusieurs fois au téléphone à mes parents, et toujours avec le même résultat. Ils me menacent. Un jour, mon père m'a même menacée de faire venir mon grand-père.

« Grand-père est un vieil homme, il va bientôt mourir. Cela lui serait égal de faire de la prison en Autriche. »

Vont-ils vraiment mettre leur menace à exécution ? Je n'en sais rien. Pas plus que la police, qui connaît ma situation. Au fond de moi, je n'arrive pas à croire qu'ils finissent par me tuer. En dépit de tous les événements, je suis toujours leur enfant. Mais je connais la charia, qui s'applique aussi bien aux Pakistanais en Autriche qu'à ceux vivant dans leur pays d'origine. Et selon la charia, je suis une honte pour ma famille, pour tous mes proches, pour tous les musulmans. Selon la charia, tout musulman a le droit de me tuer, et il ne serait même pas puni si cela se passait dans un pays islamique.

Depuis que j'ai quitté Linz en juin 2002, je n'ai pas cessé de fuir. J'ai d'abord habité pendant deux semaines chez une ancienne camarade d'école. Puis je suis allée en Allemagne. Et quand mes hôtes ont commencé à avoir peur, je suis retournée en Autriche. Grâce à une ex-collègue de travail, j'ai trouvé un petit appartement à Vienne, mais un jour je suis tombée sur une relation de mes parents devant ma porte, et je ne m'y suis plus sentie en sécurité. J'ai déménagé d'une connaissance à l'autre et, à présent, j'habite dans l'appartement d'un ami qui lui sert également de bureau.

Je mène une vie solitaire. Je n'ai pratiquement pas le moindre contact avec mes amis de Linz, car je ne veux pas leur dire où je suis. Je ne connais personne dans ma nouvelle ville. Comment serait-ce possible ? Je n'ose pas sortir le soir car j'ai peur que quelqu'un me trouve. Je ne fais pas de courses. Je ne vais pas au cinéma, et si je dois aller chez le médecin, je demande à la personne qui m'héberge de m'accompagner.

Je suis constamment en relation avec la police. Ils savent où je me trouve et, surtout les week-ends quand je reste seule dans l'appartement, j'entends souvent tourner une voiture de police, qui fait des rondes pour vérifier que tout va bien.

Je ne sais pas combien de temps je vais pouvoir continuer à vivre ainsi. Ma vie est tellement différente de celle que j'imaginais. Je n'ai même pas de travail car travailler pour une société serait trop dangereux. Mes parents finiraient par le découvrir, et mon père reviendrait me poursuivre de ses hurlements. Je préfère ne pas envisager le pire scénario.

Je me reproche parfois ce qui est arrivé. Je me demande si je ne suis pas allée trop loin. Peut-être n'aurais-je pas dû provoquer mes parents en leur avouant ma conversion au christianisme ? J'aurais pu alors continuer à vivre auprès d'eux, et tout irait bien, au moins pour eux. Je ne serais pas constamment en train de craindre pour ma vie et, au moins, je pourrais gagner mon propre argent.

Mais je ne veux pas de ça : je ne veux pas cacher ma foi, mes convictions. Et je n'arrive pas à admettre que cela ne soit pas possible. Nous vivons dans un pays civilisé, un pays occidental. Pourquoi ne peuvent-ils pas me laisser en paix ?

J'ai retrouvé Salman il y a quelques semaines à un arrêt d'autobus à Linz. J'étais accompagnée de deux relations à moi, au cas où. J'espérais encore pouvoir persuader Salman : nous avons le même âge, et il vit en Autriche depuis deux ans maintenant. J'espérais qu'il comprendrait que je me sentais plus proche de ce pays et de sa culture que du Pakistan. Comme autrefois à Lahore, j'espérais qu'il mettrait un terme à ce cauchemar en persuadant mes parents de me laisser enfin tranquille. Mais il a refusé. Il n'a pas voulu sous prétexte qu'il ne me comprenait pas Nous avons discuté pendant une demi-heure et, quand nous nous sommes séparés, j'étais tout aussi déprimée qu'avant. Certaine que ma famille ne changerait jamais d'état d'esprit, j'ai regagné ma cachette.

J'ignore ce qui va encore se passer avant que je ne parvienne enfin à vivre en paix. J'ai les mains liées, et je ne peux rien faire. Sinon attendre le moment hypothétique où l'islam et la chrétienté se comprendront mieux.

Épilogue

À sa sortie, mon livre est devenu instantanément un best-seller et il a provoqué une tempête médiatique en Autriche et en Allemagne. Le moment culminant fut lorsque mon père vint témoigner dans une émission de télévision et me traita de « menteuse ». Mais le pire était encore à venir. Il engagea un avocat et me poursuivit pour diffamation. Les tabloïds autrichiens publièrent des photos de moi et me présentèrent comme un mannequin de nu qui voulait seulement faire parler de moi. J'avais l'impression d'être un animal traqué. Pourchassée par les médias, je fus menacée à plusieurs reprises par des membres de la communauté de la foi islamique. Je n'avais plus de maison et personne pour m'épauler. Ma foi en Dieu était désormais ma seule source de réconfort.

Je n'avais pas vu mes parents pendant deux ans, mais le 25 avril 2004, cela devait se produire, au tribunal. Je tremblais et mon cœur battait à tout rompre.

« Aujourd'hui, je me bats non seulement pour moi-même mais pour les droits de milliers d'autres femmes qui sont dans la même situation que moi», ai-je dit à la cour dans un chuchotement. Je trouvais terriblement difficile de témoigner, à tel point que je me surpris à bégayer. Ma mère commença à sangloter bruyamment, en jurant et en insultant mon éditeur. Mes parents se sentaient très offensés et déshonorés par la publication de mon livre. «J'aurais aimé pouvoir essuyer tes larmes et te prendre dans mes bras, mère», implorait mon cœur. Mais mes parents vivaient dans un autre monde et je ne pouvais pas les en sortir.

À la fin de l'interrogatoire, le peu de forces qui me restaient s'évanouit. J'ai regardé une nouvelle fois en direction de mes parents, ne sachant pas quand, ou même si je ne les reverrais jamais. «Je vous aimerai toujours», sanglotai-je.

En janvier 2005, le jugement a été prononcé. Au vu des preuves, le juge concluait que mes déclarations et les déclarations de mes témoins étaient exactes et que le livre correspondait aux faits. J'étais acquittée ! À ce moment-là, je vivais déjà en Allemagne. Ma volonté de devenir actrice et chanteuse m'y avait amenée. Des amis d'une célèbre pop star allemande m'avaient vue dans une émission de télévision et ils me demandèrent si j'aimerais collaborer à un nouveau projet musical. J'étais sur un nuage, même s'il s'agissait seulement de chanter un refrain dans une chanson.

Mais à peu près à la même époque, j'ai été subitement ramenée sur terre en faisant la connaissance d'Aicha. C'était une Afghane qui s'était mariée à 13 ans et qui vivait maintenant à Hambourg avec deux enfants. Ses parents avaient été exécutés par les talibans et elle s'était réfugiée avec son mari et ses enfants en Allemagne. « Sabatina, je t'en prie, aide-moi ! Mon mari me bat et je vais être expulsée en Afghanistan », a-t-elle supplié. Les paroles d'Aicha m'ont remis en mémoire mon rêve de bâtir un monde meilleur pour les femmes musulmanes. Aussi, en mars 2006, j'ai fondé mon association humanitaire, Sabatina EV.

Aujourd'hui, avec l'aide d'Aicha, qui, grâce à mon intervention, a été autorisée à rester en Allemagne, nous aidons des femmes du Pakistan, de Syrie, de Turquie, et d'autres pays islamiques forcées de fuir par peur de mariages forcés ou de crimes d'honneur par leurs familles. Nous procurons une assistance juridique et une aide financière aux victimes et nous les aidons à se créer une nouvelle identité au moyen des mesures mises en œuvre pour la protection des victimes. Nous traitons beaucoup de cas concernant des mariages d'enfants au cœur même de l'Europe. Il y a aussi des femmes dont les corps sont recouverts de cicatrices sous le voile, et des femmes dont les maris ferment la porte d'entrée à clé de l'extérieur quand ils partent travailler et ne la rouvrent que lorsqu'ils reviennent. Ces femmes sont emprisonnées toute la journée. Leur vie se résume à la cuisine et à enfanter le plus d'enfants possible.

Cette réalité s'exerce dans tous les pays où viennent s'installer les musulmans : ils ne laissent pas leurs traditions et leur religion à l'aéroport quand ils arrivent.

La plupart des hommes ne veulent pas que leurs femmes et leurs filles s'occidentalisent trop, aussi ils leur interdisent d'avoir des contacts avec des non-musulmans. Le seul lien qu'ont ces femmes avec le monde extérieur est avec la communauté islamique et, bien sûr, à travers la mosquée. J'ai interrogé de nombreux imams. « Pourquoi des billions d'euros et de dollars sont-ils investis pour construire de plus en plus de mosquées et pour proposer des cours sur l'islam, alors que rien n'est investi pour promouvoir la liberté des femmes ? » « Nous payons des impôts, c'est donc à l'État d'y pourvoir et pas à la communauté islamique », m'entendis-je un jour répondre.

C'est l'expérience qu'a vécue en Autriche Fatima, 22 ans, quand elle a demandé de l'aide à d'autres femmes dans sa mosquée. Son mari l'avait battue atrocement sous prétexte qu'elle n'était « pas suffisamment bien élevée ». Souffrant le martyre, Fatima m'a raconté ce que lui avaient dit les femmes de la mosquée : « De toute évidence, tu n'as pas assez bien servi ton homme. »

Cela m'a rappelé un épisode de mon passé qui m'a longtemps empêchée de dormir. Encore toute petite fille, je me suis réveillée une nuit en entendant les hurlements d'une femme qui n'avait pas assez bien servi son mari. Je me suis frayée un chemin à travers la foule qui s'était rassemblée autour d'elle, et j'ai cru que mon cœur allait éclater en voyant sa tête fracassée. Elle était assise, presque inconsciente, dans la pièce obscure, et le sang dégoulinait sur son visage. Mais aucun médecin n'est venu pour soigner ses blessures et elle n'avait pas de sœur pour la réconforter. « Qu'a-t-elle fait de mal ? » ai-je demandé à la foule. Aujourd'hui, de nombreuses années après, j'entends encore ses hurlements de douleur et sa voix terrorisée. C'était comme un appel venant du Pakistan. Le pays où, ces dernières années, dans la seule ville d'Islamabad, on a dénombré plus de quatre mille cas de femmes brûlées vives. Quand j'entends parler du Pakistan dans les médias, c'est généralement en rapport avec le terrorisme. Mais les plus grands actes de terrorisme sont proférés contre les femmes.

Malgré ma peur, je mourais d'envie de retourner au Pakistan. D'un côté, je craignais que ce soit beaucoup trop dangereux, mais, de l'autre, j'avais le mal du pays. Étant donné que je vivais toujours sous la protection de la police, je n'arrêtais pas de me demander si je devais vraiment retourner au Pakistan et risquer de mettre ma vie en danger.

La réponse à ma question m'est venue une nouvelle fois d'un passage de la Bible. « Sois fort et courageux. N'aie pas peur ; ne perds pas courage, car le Seigneur, notre Dieu, sera toujours et partout avec toi (Joshua 1:9). » Cela peut sembler étranger à certains mais, pour moi, c'était la confirmation du chemin à suivre.

Les responsables de mon programme de protection des victimes furent sensiblement moins impressionnés par cette « inspiration divine ». Un des officiers de police me dit : « Vous êtes un véritable cauchemar pour nous ! Comment voulez-vous que nous vous protégions si vous voulez vous rendre dans ce qui est peut-être le pays le plus dangereux du monde ? Nous déclinons toute responsabilité pour ce voyage ! » Les membres du conseil d'administration de mon association humanitaire refusèrent également de me soutenir dans cette aventure. Mais la promesse que Dieu veillerait sur moi pendant ce voyage me suffisait.

En avril 2008, j'empruntai un vol d'Emirates en direction du Pakistan. Ma Bible, un CD de la pop star Xavier Naidoo, un cœur débordant d'amour pour les gens du Pakistan, et une bonne dose de confiance dans la protection de Dieu étaient mes seuls compagnons de voyage.

Quand l'avion a touché le sol du Pakistan, j'ai éclaté aussitôt en sanglots. De nombreuses années auparavant, je m'étais trouvée exactement au même endroit mais, à cette époque, j'avais encore une petite sœur, mes frères et mes parents. La pensée de ne pas pouvoir rendre visite à ma famille restée au Pakistan me pesait lourdement. Toutefois, l'idée d'essayer d'apporter un peu d'espoir à ce pays me donnait du courage.

À la sortie de l'aéroport, j'aperçus l'équipe pakistanaise d'une organisation des droits de l'homme qui me souriait. Ils devaient m'accompagner pendant les trois semaines de mon voyage à travers le Pakistan. Ils avaient organisé des réunions secrètes avec des femmes battues qui avaient besoin d'une aide urgente. Et, surtout, ils devaient assurer ma sécurité et me recevoir chez eux comme leur fille.

Le troisième jour suivant mon arrivée, tout se mit en route. À 1 heure du matin, notre chauffeur démarra la grosse voiture pour nous emmener de Lahore en direction du sud du Pakistan. Comme nous étions en avril et qu'il faisait déjà plus de trente-huit degrés, nous préférions voyager de nuit. Mais à peine une heure plus tard, nous eûmes un choc. Vers 2 heures du matin, alors qu'il faisait nuit noire, une Suzuki bloquait notre voie d'autoroute. À l'intérieur se trouvaient des hommes masqués et armés qui venaient de tuer quelqu'un. Ils jetèrent le corps enroulé dans des couvertures sur le pare-brise de notre voiture. Notre chauffeur fit une embardée et passa sur le corps à toute vitesse. Je fus prise de panique. Les mains tremblantes, je sortis ma Bible et lus et relus le psaume 91. Aujourd'hui encore, j'ai du mal à comprendre comment nous avons pu survivre à cette nuit-là.

Un des chefs d'équipe dit : « Attention à gauche ! » Mes yeux distinguèrent un cadavre allongé sur le côté de la chaussée.

« Que lui est-il arrivé ? demandai-je, horrifiée.

– C'est le Pakistan, ma belle. Une vie humaine n'a aucune valeur ici », répondit-il d'une voix cassée.

Sur la même portion de route, je vis également un homme en train d'être battu car il avait occasionné un accident de la circulation. La foule grondait autour de lui. Quand notre chef de mission voulut descendre « pour mettre les choses au clair », je le retins et ordonnai au chauffeur de repartir immédiatement.

Nous nous arrêtâmes à une station-service pour faire quelques réparations sur notre voiture. Le mécanicien, un gamin de 6 ans au visage et aux mains barbouillés d'huile, arriva avec des outils. Son collègue, qui devait avoir dans les 14 ans, se mit à laver la voiture. Leurs grands yeux tristes me fendaient le cœur ! En larmes, je descendis de la voiture et voulus les empêcher de travailler. « S'ils ne lavent pas notre voiture, ils laveront la suivante », dit quelqu'un. Je sortis toute ma monnaie et la leur donnai. Les enfants me dévisagèrent, les yeux écarquillés. « *Shukria* ! » dit l'un d'eux. L'autre petit était resté silencieux. J'étais tellement attristée en voyant les conditions de vie de ces enfants que j'aurais voulu m'arrêter partout où je rencontrais des enfants esclaves au travail. Tout en sachant que je ne pouvais pas changer durablement la vie de ces enfants en leur donnant quelques roupies, cela me consolait au moins un peu de pouvoir amener un sourire sur leurs visages, même pour un court moment.

Ce qui me troublait beaucoup était l'absence des femmes dans l'espace public. De temps en temps, j'apercevais une femme, mais toujours enveloppée dans des voiles. Cela me rendait tellement furieuse que je refusai personnellement de me couvrir la tête. « Ce voile est un poison. Je le hais ! » dis-je à mon assistante. Cela l'inquiétait beaucoup que je veuille voyager sans voile à travers une des zones les plus dangereuses du Pakistan. C'est probablement la raison pour laquelle j'avais toujours un homme armé à mes côtés. Khalid, mon garde du corps, veillait sur moi comme un faucon.

Finalement, après un voyage d'environ dix-sept heures, nous arrivâmes à destination. Nous devions rester là pendant près de deux semaines. La chambre d'hôtel où je devais vivre était tout sauf hospitalière. Des cafards grouillaient partout. La baignoire était jonchée d'insectes que je n'avais jamais vus. Je contractai un virus avec la nourriture qu'on nous servit. Je souffrais tellement qu'il fallut me conduire à la clinique la plus proche. « Vous devez absolument vous reposer ! dit le médecin. Votre organisme est très faible et il vous faut une piqûre », ajouta-t-elle. Mais quand je vis les conditions d'hygiène de l'endroit, je déclinai respectueusement sa proposition. « Non, pas de piqûre ! » répondis-je d'une voix faible, et je quittai la clinique. Mes collègues étaient très inquiets car les rendez-vous avec les femmes battues étaient prévus au cours des prochaines vingt-quatre heures. Certaines avaient parcouru des centaines de kilomètres rien que pour me voir.

Le lendemain matin, je souffrais toujours beaucoup et ne pouvais rien avaler. Mon garde du corps entra dans ma chambre, l'air consterné. « Madame, nous avons rassemblé toutes les femmes dans l'endroit secret. Malheureusement, l'une des femmes plus âgées a été tuée par balles en chemin par ses tortionnaires. Ils s'étaient aperçus qu'elle s'était rendue dans une ONG occidentale pour faire valoir ses droits. À présent, c'est devenu très dangereux, surtout pour toi. En fait, nous ne devrions pas quitter l'hôtel. Que veux-tu faire ? »

Je demandai à Khalid de me laisser quelques minutes pour réfléchir. Un chrétien plus âgé de notre groupe qui avait suivi la conversation s'assit à côté de moi et me dit doucement :

« Mon enfant, pense à la reine Esther de la Bible. Elle a consacré sa vie à délivrer son peuple. Aujourd'hui, il se peut que Dieu t'ait placée dans une situation identique et tu dois agir comme cette reine pour sauver la vie de ton peuple. Réfléchis à cela. » Après ce bref mais émouvant discours, je me répétai souvent les paroles d'Ester : « Si je meurs, je meurs ! » Ce sont ces mots-là, précisément, qui me donnèrent le courage d'aller, malgré ma douleur et mes genoux tremblants, vers les femmes pour lesquelles j'étais revenue au Pakistan.

Quand j'ai vu le nombre des gens qui m'avaient attendue, je me suis mise à pleurer. Des femmes étaient assises par terre dans leurs vêtements déchirés, en nage, et dès qu'elles m'ont aperçue, elles se sont levées et ont entonné des chants pour moi. Puis, une par une, elles se sont approchées pour me raconter leur histoire tragique. J'écoutai Shehnaz qui était assise devant moi avec un visage plein de cicatrices : « Mon oncle m'a vendue quand j'avais 10 ans. L'homme auquel j'avais été livrée épousa alors une autre femme et me jeta dans la rue. Chaque fois que j'essayais de revoir mes enfants, cela se terminait par une bagarre. La dernière fois, il s'est servi d'une chaîne. Depuis, je vis dans une cabane de paille sans eau courante », me dit-elle. Quand elle eut terminé, de nombreuses femmes s'avancèrent, qui avaient principalement servi d'esclaves à de riches propriétaires terriens sans scrupule. Elles avaient toutes été kidnappées et violées.

Soraya, une femme d'une cinquantaine d'années, sanglotait. « Un des violeurs, Mohammed D., a enchaîné mon fils à un arbre. Il le laisse mourir de soif en pleine chaleur juste parce qu'il a refusé de travailler pour "le violeur de sa mère". Mon fils est en train de mourir sous mes yeux ; personne n'a la permission de lui donner à boire. »

Mon cœur qui avait pleuré de chagrin était plein de colère quand je vis de mes propres yeux quelques-uns de ces soi-disant enfants esclaves. C'étaient des enfants qui travaillaient par quarante degrés dans une carrière. Une mère me dit :

« Certains meurent à cause des morsures de serpents, d'autres pour avoir bu de l'eau pleine d'excréments.

– Quel est votre plus grand souhait ? demandai-je.

– Envoie-nous des gants d'Allemagne pour que le travail ne nous fasse pas aussi mal », répondit une petite voix enfantine. Cette demande ne m'étonnait pas ; les gamins les plus jeunes avaient déjà les mains pleines d'ampoules, très abîmées.

« Non, je ne vais pas vous envoyer de gants mais je vais vous sortir de là et vous envoyer à l'école », répondis-je. Ils me regardaient tous d'un air sceptique. Pour tenter de gagner leur confiance, je leur donnai des quantités de bonbons et des boissons glacées que j'avais apportées.

De là, mon voyage me conduisit à Multan, une ville que les talibans avaient déjà menacé d'attaques terroristes car quelques « non-croyants ou chrétiens » étaient supposés y vivre. L'un de ces soi-disant incroyants était Ruchsana, une femme de 55 ans qui avait perdu tout courage. À peine étais-je entrée chez elle qu'elle se mit à pleurer. « Ils l'ont tué ! Ils ont exécuté mon beau garçon ! » Emmanuel, le fils de Ruchsana âgé de 22 ans, s'était engagé dans l'armée pakistanaise et son unité était accusée de crimes. « Les musulmans qui ont commis le meurtre ont désigné le jeune Emmanuel sachant que lui, en tant que chrétien au Pakistan, n'aurait aucun droit », m'expliqua un homme qui connaissait bien Emmanuel. Le jeune homme de 22 ans fut condamné à mort mais personne n'en informa sa famille. Au bout de six mois, personne n'avait aucune nouvelle, ce qui affecta profondément son père, à tel point qu'il fit une crise cardiaque et mourut. Ruchsana vendit tous ses biens pour payer un avocat et, grâce à l'aide d'une organisation pour la défense des droits de l'homme, elle finit par retrouver son fils.

Pleurant des larmes amères, Ruchsana se livra à moi. « Il était nu et d'une maigreur extrême. Ils l'avaient battu sauvagement. Je lui promis : "Mon fils, je vais te tirer de là." Mais il avait tellement peur. "Ils veulent me pendre, mère ! Je suis terrorisé."

« Quelques jours plus tard, Emmanuel se tenait devant la potence. "Quel est ton dernier souhait ?" demanda un des membres de l'assistance. Emmanuel pleurait. "Dites à ma fiancée que je suis désolé de ne pas pouvoir l'épouser. Dites à mon plus jeune frère qu'il doit travailler pour que ma mère ait quelque chose à manger." Ce furent les derniers mots d'un innocent avant qu'il ne soit exécuté. »

Ruchsana continua : « Aujourd'hui, mes autres fils font le ménage et mon plus jeune qui a seulement 9 ans vend des légumes, c'est notre seul moyen de vivre.» J'avais également appris que la fiancée d'Emmanuel souffrait maintenant d'une maladie mentale et qu'elle n'avait pas dit un mot depuis la disparition de son futur mari. Je vis de mes propres yeux les photos du corps sans vie d'Emmanuel et cela m'affecta tellement que je fus incapable d'assurer d'autres rendez-vous ce jour-là.

Ce même jour, les services de renseignements pakistanais, l'ISI, se présentèrent devant notre hôtel, en demandant: «Qui est cette femme?» Évidemment, il s'agissait de moi. Nous partîmes aussitôt de Multan. Il ne restait plus que deux jours avant mon vol de retour en Allemagne et je priai pour pouvoir quitter le Pakistan en vie.

Le jour où j'atterris en Allemagne, je n'arrivais pas à croire que j'avais réussi à rentrer. Mais la détresse et le chagrin dont j'avais été témoin au Pakistan m'attristaient tellement que je fus incapable de parler et de manger pendant plusieurs jours. Tous les problèmes de l'Occident me paraissaient des enfantillages à côté.

Quelques semaines plus tard, j'étais invitée au Parlement allemand, le Bundestag, pour témoigner sur la situation dans mon pays natal.

Aujourd'hui, mon association, Sabatina EV, a libéré cent cinquante femmes réduites à l'esclavage dans le sud du Pakistan. Les enfants de la carrière peuvent maintenant aller en classe! Mais, près de 80% des femmes pakistanaises sont toujours analphabètes. Je crois vraiment que l'éducation peut transformer le Pakistan, c'est pourquoi je soutiens une école au Pendjab où nous donnons aux filles une chance de changer.

Notre travail est possible seulement grâce à la présence des forces de l'ONU et des soldats européens en Afghanistan. S'ils s'en allaient, le chaos régnerait très vite au Pakistan, et les talibans feraient sauter toutes les écoles que nous avons créées. Et ce n'est pas tout : je crains qu'Al-Qaida ne veuille développer des armes nucléaires au Pakistan et ne constitue une menace encore plus grande pour l'Occident.

Je connais beaucoup de braves gens qui sont contre le déploiement des troupes en Afghanistan. Ces personnes pensent que la guerre n'est jamais nécessaire. Mais la torture, les exécutions publiques, les lapidations et les dictatures n'ont-elles jamais été nécessaires ? Ces personnes pensent aussi que le dialogue peut résoudre le problème. Barack Obama s'y efforce, recherchant le dialogue avec les talibans les plus modérés. Un juif allemand a fait remarquer : « Alors, vous vous entretiendriez avec Hitler, simplement pour éviter la guerre ? »

Ce « dialogue avec la terreur » bien intentionné soulève de nombreuses polémiques, et pas seulement chez les juifs, j'ai pu le remarquer au cours de mon voyage en Amérique pendant l'été 2009. Pour des raisons de sécurité, j'ai dû quitter l'Allemagne pendant une brève période. Sur le conseil de certains amis, je me suis rendue aux États-Unis. Quelques esprits critiques avaient cru bon de m'avertir : « Les Américains ne vont jamais te laisser entrer dans leur pays, toi, une Pakistanaise ! » Un autre ami avait ajouté : « Les Américains sont affreusement racistes ! » Mais cela ne me fit pas changer d'avis.

Je rencontrai le premier représentant officiel des États-Unis à l'aéroport John-F.-Kennedy et, bien qu'il ne m'adressât pas le moindre sourire, il étudia mon passeport promptement, et je ne distinguai pas chez lui la moindre manifestation de racisme. « Bienvenue à New York, madame. J'espère que vous apprécierez votre séjour », ajouta-t-il. Je ressentis encore moins d'hostilité envers les étrangers quand je débouchai dans le hall des arrivées et vis le nombre de Noirs et d'Indiens qui grouillaient partout.

Au cours des semaines suivantes, je fus hébergée chez une famille pakistanaise chrétienne. Je m'intéressai également de plus en plus à la façon dont les musulmans vivent dans ce « pays d'opportunités ». « Si tu veux voir le Pakistan à New York, viens à Coney Island », plaisanta un de mes amis. Et il avait raison, car je retrouvai là-bas une atmosphère qui me rappelait plus le centre de Lahore que les États-Unis Les femmes portaient la *salwar kameez* traditionnelle et, à la télévision, j'entendis les mollahs chanter les mêmes versets du Coran que ceux que j'avais chantés dans ma madrasa (école coranique). Les jeunes étaient un peu plus modernes ici et ils se balançaient au rythme de la musique de Bollywood que diffusaient des haut-parleurs. Toutefois, il était difficile d'ignorer les regards méprisants des femmes devant mon jean.

J'essayai de ne plus y penser en dégustant un délicieux samosa que mon ami avait acheté pour nous.

J'eus pourtant l'appétit coupé quand Razian, une chrétienne de 26 ans, m'interrompit. « Tu sais ce que les musulmans disent à mon école ? "Vous, les chrétiennes, vous n'avez aucune pudeur, vous vous habillez comme des Occidentales et épousez celui que vous choisissez !" » Au moment même où je me révoltais contre l'intolérance de ces musulmans à New York, Barack Obama vantait les avantages de l'islam dans son discours au Caire. « As-tu entendu ce qu'il a dit ? demanda mon ami furieux. D'après lui, l'Amérique n'est pas une nation chrétienne ! Si nous ne sommes pas une nation chrétienne, que sommes-nous alors ? » Le visage d'un employé musulman d'une épicerie s'illumina pendant que Barack Obama évoquait les vertus de Mahomet et citait des versets du Coran. Mais envers ces chrétiens qui pourrissaient dans les prisons du Caire en raison de leurs croyances, et la mémoire de ceux exécutés au nom de Mahomet, le discours du président américain faisait plutôt l'effet d'une gifle en pleine figure que d'une consolation.

Malheureusement, c'est la situation qui règne dans le monde. Nos hommes politiques prônent le dialogue avec l'islam mais ignorent délibérément le problème. Ils vont même jusqu'à autoriser la construction de mosquées supplémentaires en Amérique, alors que, au Pakistan, on brûle les églises. Les hommes politiques veillent scrupuleusement à ce que personne ne critique l'islam de peur d'exciter encore la colère d'Oussama Ben Laden et de ses partisans. Et, comble de l'ironie, Muzzamil S. Hassan, le créateur de Bridges TV, une chaîne de télévision américaine visant à promouvoir le dialogue entre les religions, était un homme qui vivait au cœur de l'Amérique et semblait parfaitement intégré et content de sa vie : sous prétexte que sa femme Assiya voulait divorcer, il n'a pas hésité à la décapiter. Une telle « télévision culturelle » à New York me donne à réfléchir.

Si je considère ma vie aujourd'hui, j'ai encore beaucoup de rêves dans le cœur. Un de ces rêves, maintenant que j'ai accepté mon rôle de porte-parole des femmes torturées, est de continuer à militer pour promouvoir mon association, Sabatina EV, également aux États-Unis.

J'espère que Dieu m'enverra des gens pour m'aider à réaliser ce rêve.

Note de l'auteur

Chaque année, des milliers de femmes sont torturées et tuées au nom d'Allah. Rien qu'au Pakistan, plus de quatre mille femmes ont été brûlées vivantes ces dernières années. C'est pourquoi j'ai créé mon association, Sabatina EV, pour donner une voix à ces femmes et à celles qui sont menacées de telles persécutions. Je vous en prie, regardez autour de vous dans votre communauté en prenant cela en compte, afin de nous aider à mettre un terme aux crimes d'honneur et aux mariages forcés. Nous ne pouvons pas attendre que les autres changent notre avenir, mais si tous, nous unissons nos voix et faisons tout notre possible, nous pourrons changer les choses.

Pour plus d'informations à propos de Sabatina EV, rendez-vous sur notre site www.sabatina-ev.de, ou écrivez-nous à info@sabatina-ev.de. Nous aimerions beaucoup avoir vos témoignages et vous remercions de votre soutien.

En toute compassion,

Sabatina James

Remerciements

Tout d'abord, je voudrais remercier le plus grand amour de ma vie, Jésus. Merci aussi aux merveilleux Ute et Sturzi, Günter et Susi, Günter B., et Rob pour avoir cru en moi. Merci au Dr Justin Samuel et à Angelina. Merci également à toute mon équipe au Pakistan – Monica et Ephraim, et bien sûr Jan D. et Philippus pour m'avoir mise sur le droit chemin. Heidi et Doro, vous êtes de si précieux amis. Merci à tous mes professeurs, mes camarades de classe et mes amis qui m'ont soutenue et permis de devenir celle que je suis aujourd'hui. Et merci à Dan et à Ryan de tous leurs efforts auprès de Rob pour avoir permis la publication de ce livre.

À propos de l'auteur

Sabatina James (ce nom est un pseudonyme) est née au Pakistan en 1982 ; elle possède à présent la nationalité autrichienne. À l'âge de 10 ans, elle quitta le Pakistan avec sa famille pour s'installer à Linz en Autriche, où elle apprit l'allemand et fréquenta l'école secondaire. Quand Sabatina eut 16 ans, ses parents décidèrent qu'elle s'était trop occidentalisée et ils la renvoyèrent au Pakistan sous de faux prétextes. Là-bas, elle fut contrainte de suivre les cours d'une école coranique où elle était battue et victime de mauvais traitements. Menacée au même moment de se marier contre son gré, la jeune musulmane s'enfuit pour échapper à son martyre et revint en Europe. La réponse de l'islam fut alors encore plus implacable : le 2 juin 2001, sa famille la condamnait à mort. Depuis lors, Sabatina vit dans la clandestinité dans le sud de l'Allemagne.